図解 眠れなくなるほど面白い

臨床心理学

公認心理師 公益社団法人
発達協会 常務理事
湯汲英史 監修
Yukumi Eishi

日本文芸社

はじめに

　この本では、脳の働きや心についてのさまざまな問題について紹介しています。本文でも触れますが、心にはさまざまな病気があります。しかし、社会などの変化によって、病気の定義などは変わる可能性があります。この本では、現時点での主な不調について、どう理解し対応すればよいかについて解説しています。それは本人への理解を深め、大変な思いを少しでも軽くするためです。

　臨床の場にいると、知り合った人たちと長く関わることが多くなります。幼児期に出会った子が、今は三十代、四十代になっています。彼らの多くは障害があるとされています。たしかに言葉での表現は充分ではないかもしれません。ただ、表面だけではない、生きてきただけの知識や知恵が蓄えられているとも感じます。

人は、生まれてから死ぬまでの長い時間のなかで、精神的な不調や病気にかかることは決してまれではありません。それは自分自身の場合もあれば、家族や友人、知人などのこともあるでしょう。この本では、臨床心理学について解説しますが、触れられた範囲はごく一部です。もっと広く、深く知りたければさらに学んでいかれることをおすすめします。人の心を学べば、生きることへの理解がさらに深まるのです。

人を理解する、これが心理師の役目だと思っています。

公認心理師・言語聴覚士　湯汲　英史

眠れなくなるほど面白い 図解 臨床心理学 もくじ

第1章

臨床心理学と公認心理師

第1章

全年代の心理・行動上の問題がターゲット

人間の心を守るための〝臨床心理学〟

心の健康のための学問

近年、子どもの成長途中で明らかになることが多い神経発達症群、大人がストレスなどで発症する統合失調症やうつ病、高齢者のアルツハイマー病といった心の病気にかかる人が増えています。厚生労働省の２０１７年の調査では、何かしらの心の病気を抱える人が約４２０万人いるとされており、これは日本人の約30人にひとりはいる計算になります。

こうした心の病気について、原因を探り、心の回復を支援するための専門知識や技法を学び、関連する研究を行うのが「臨床心理学」です。臨床心理学では、生まれてから死ぬまで、あらゆる年代の心の病気やそれに関連して起きる行動上の問題すべてを対象に、心の病気の予防、心の健康を取り戻すための支援、関係者への指導や援助などを実践するとともに、それらの方法を研究することを目的としています。

歴史的には、19世紀の心理学の黎明期までさかのぼることができますが、**１８９６年にアメリカのL・ウィトマーが初めて「臨床心理学」という言葉を使い、同時期にフロイトの精神分析学が生まれたことで、ひとつの学問分野としての歩みを始めました。**その後、さまざまな心理療法の理論が統合されていき、第二次世界大戦後のアメリカで現在の臨床心理学の大きな枠組みができあがったとされています。

ライフステージと心理・行動上の問題に対する支援

	ライフステージ	支援の例
	胎児期・乳児期（出産前～1歳半位）	○親権者変更・子の引き渡しサポート ○出産後の養育者支援 ○周産期支援　など
	幼児期前期（1歳半～3歳位）	○愛着障害ケア ○発達支援 ○乳幼児健診　など
	幼児期後期（3～6歳位）	○就学相談　○小児疾患支援 ○被虐待児ケア ○登園しぶりのサポート　など
	児童期（6～12歳位）	○キャリア教育　○いじめ対応 ○不登校対応・適応指導 ○児童養護　など
	思春期・青年期（12～22歳位）	○非行問題・少年相談 ○セクシュアリティ支援 ○自傷問題対応　○学校適応指導 ○親子関係支援　など
	成人期（22～40歳位）	○依存・嗜癖等改善支援 ○DV・虐待問題支援 ○被害者・加害者支援 ○保護者対応　○子育て支援 ○引きこもり支援　○キャリア支援　など
	壮年期（40～65歳位）	○介護者支援　○慢性身体疾患者支援 ○精神疾患者支援 ○社会復帰・復職支援 ○ストレスチェック ○ハラスメント防止 ○自殺対策　○被災者支援　など
	老年期（65歳位～）	○認知症支援 ○緩和ケア　など
	終末期	○看取り・ターミナルケア ○遺族ケア　など

出典：『公認心理師の活動状況等に関する調査』一般社団法人日本公認心理師協会より一部改変

診断基準として使われる『DSM－5』

心の病気は、家庭環境、性格、対人関係、遺伝などさまざまな要因が複雑に絡み合って起きるため、症状もその度合いにも個人差があります。これが身体の病気との大きな違いで、あいまいな部分がとても多いため、その診断基準や分類も時代によって移り変わってきました。

　その基準となってのが、アメリカ精神医学会（APA）が定める『DSM－5（精神疾患の診断・統計マニュアル）』です。これは、精神疾患の病名、診断基準、診断分類などをまとめたもので、「5」は、第5版という意味です。第1版は1952年に出版され、その後、改訂を重ねて、2013年に出版された『DSM－5』が最新版となっています。

　なお、世界保健機関（WHO）が作成する『ICD（疾病及び関連保健問題の国際統計分類）』というものもありますが、精神疾患の部分は基本的にこの『DSM』と連動しているため、本書でも病名の表記は、『DSM－5』に準じることとしました。

　第2章で詳しく解説しますが、『DSM－5』では、従来の病名がいくつか変更されています。みなさんもよく耳にしたであろう「アスペルガー障害」や「自閉症」という病名はなくなり、「自閉スペクトラム症（自閉症スペクトラム障害）」という病名にまとめられました。

　『DSM』は、現時点での主流となる考え方を基に作成されているものですので、時代とともに変わっていきます。そのため、「4」から「5」への改訂は、必ずしも進化を意味するものではありません。

　もうひとつ、『DSM－5』は日本語版が出版されており、インターネット上でも内容を確認することができますが、あくまでも専門家が使用するものですので、素人が診断基準を見て自己診断するためのものではありません。

『DSM-5（精神疾患の診断・統計マニュアル）』とは?

米国精神医学会（APA）が定める精神疾患の世界的な診断基準・診断分類

『DSM』の正式名称は、「精神疾患の診断・統計マニュアル（Diagnostic and Statistical Manual of Mental Disorders）」といい、その頭文字を取って『DSM』と呼びます。精神疾患の診断基準や診断分類がまとめられており、基本的にこの本が世界的な診断基準として使われているため、日本も準じています。

ICD（疾病及び関連保健問題の国際統計分類）

世界保健機関（WHO）が作成している国際的な診断基準で精神疾患に関しては、DSMと連動している。

DSM-5の診断分類の一例

1　神経発達症群／神経発達障害群 ……………………………… 大分類

- 知的能力障害群
- コミュニケーション症群／コミュニケーション障害群
- 自閉スペクトラム症／自閉症スペクトラム障害
- 注意欠如・多動症／注意欠如・多動性障害
- 限局性学習症／限局性学習障害
- 運動症群／運動障害群
- 他の神経発達症群／他の神経発達障害群

……………………………… 中分類

『DSM-5』では、精神疾患を22の大きな分類でくくり、その下に中分類・小分類を設けて、それぞれの症状や診断基準を解説しています。

DSMの改訂で病名が変わることも

旧病名		新病名
自閉性障害 アスペルガー障害	➡	自閉スペクトラム症／ 自閉症スペクトラム障害

注意すべきポイント

○DSM-5は専門家のためのもので自己判断には使えない
○DSM-5の記載内容が診断基準のすべてではない

第1章

心理学的な知識と技術がベース

あらゆる心理学を駆使して心の問題を解決

あらゆる心理学の知識が必要

臨床心理学の「臨床」とは「実際に患者に接して、診療や治療を行うこと」という意味で、心理学は「科学的な手法によって人の心の動きや行動の仕方を研究する学問」とされています。つまり、**臨床心理学とは、心理学の知見を用いて、心の問題や行動上の問題を持つ患者の診療、治療を行うための学問ということになります。**なお、心理学には人間の心理全般が対象となる「基礎心理学」と、個人の心理が対象となる「応用心理学」がありますが、臨床心理学は後者の分類になります。

臨床心理学では、あらゆる心の問題に対処できるようにするために、「知覚・認知心理学」「学習・言語心理学」「感情・人格心理学」といった個人に焦点をあてた心理学から、「社会・集団・家族心理学」「教育・学校心理学」「産業・組織心理学」といった家庭、学校、会社などの集団心理に焦点をあてた心理学も学びます。

また、心の問題を解決するための聞き取りや支援の方法といった技法、精神疾患の知識、人体の構造と機能、病気の知識も学んで、心の問題の解決に役立てようとします。

このように、臨床心理学はさまざまな心理学がベースとなっており、ある意味、個人を対象とした応用心理学の集大成とも言えるものなのです。

臨床心理学の基礎となる心理学

臨床

実際に患者に接して
診察・治療を行うこと

＋

心理学

心の動きや行動の仕方を
科学的に研究する学問

心理学的な知識と技術によって個人の適応の問題を解決するのが臨床心理学

さまざまな心理学の知識をベースに、カウンセリングや指導、助言などの技術を駆使して、実際に患者に接し、個人の心の問題の解決を図るのが、臨床心理学の目的のひとつです。その専門家が「臨床心理士」「公認心理師」(詳細は14ページ)と呼ばれる人たちで、病院をはじめ、さまざまな場所で活躍しています。

臨床心理学の基礎

○基礎心理学
○知覚・認知心理学
○学習・言語心理学
○感情・人格心理学
○神経・生理心理学
○社会・集団・家族心理学
○発達心理学
○障害者(児)心理学
○健康・医療心理学
○福祉心理学
○教育・学校心理学
○司法・犯罪心理学
○産業・組織心理学
○心理的アセスメント
○心理学的支援法

人体の構造と機能、病気、精神疾患などの知識も臨床心理学には必要

上記のように臨床心理学の基礎となる心理学は多岐にわたります。また、体の病気が原因で心の問題が起きることもあるため、人体や病気に関する知識を学ぶ必要があります。

第1章

国民の心の健康を守るため2017年に誕生

日本初となる心理職の国家資格 〝公認心理師〟

臨床心理士と公認心理師の違いとは？

臨床心理学を学び、その専門家として公的に「心理職」と認められた人たちを「臨床心理士」や「公認心理師」と呼びます。前者は1988年に認定が始まった民間資格、後者は2017年に新設された心理職としては初となる国家資格という違いがあります。そのため、名称としては歴史のある臨床心理士のほうが有名なのですが、公認心理師の8割が臨床心理士の資格も持っていること、今後は国家資格である公認心理師が臨床心理学を専門とする心理職としてのスタンダードになっていくと予想されることから、本書では公認心理師を臨床心理学の専門家の呼称として使用しています。

公認心理師は『公認心理師法』によりさまざまな規定が定められており、資格を取得するためには、必要な科目を履修できる教育機関を卒業するなどして受験資格を満たし、かつ「公認心理師試験」に合格しなければなりません。試験に合格できれば、登録申請を行うことで公認心理師の資格を取得することができます。

また、同法第44条で、公認心理師の資格を持たない者は、「公認心理師という名称を使用してはならない」「名称中に心理師という文字を用いてはならない」と規定されており、違反した場合は罰金刑に処すと定められている「名称独占資格」となっています。

公認心理師になるには?

ルートA
大学(※)・専門学校で必要な科目を修了
▼
大学院で必要な科目を修了
▼

ルートB
大学(※)・専門学校で必要な科目を修了
▼
特定施設で2年以上の実務
▼

ルートC
A・Bの条件と同等以上の知識・能力を有する者
▼

公認心理師試験に合格
▼
公認心理師の登録申請
▼
公認心理師の資格を取得

公認心理師試験を受けるためには、大学・専門学校で必要科目を履修したのち、大学院で必要科目を履修するか、特定施設で2年以上の実務経験が必要になります。また、これらと同等以上の知識や能力を有する者という規定や、経過措置となる特例も設けられています。

出典:『公認心理師法概要』『受験資格取得方法』ともに厚生労働省
※短期大学は除く

公認心理師と臨床心理士の違い

	公認心理師	臨床心理士
資格	国家資格	民間資格
受験資格	大学卒業+大学院修了 大学卒業+2年以上の実務 (詳細は上表参照)	大学卒業+大学院修了
更新制度	なし	あり(5年ごと)
有資格者数	3万5529人 (令和2年12月末時点)	3万9576人 (令和4年4月1日時点)

出典:『公認心理師の活動状況等に関する調査』一般社団法人日本公認心理師協会
『臨床心理士とは』日本臨床心理士資格認定協会Webサイト

公認心理師の合格率

公認心理師試験の合格率は、2018年の第1回79.6%、第1回追加64.5%、第2回46.4%、第3回53.4%、第4回58.6%、第5回48.3%で推移していますが、他の国家資格と比較して学ぶことが非常に多く、時間もかかることから難しい資格のひとつといえるでしょう。

第1章

国民の心の健康を保持し増進を図る心理職

〝公認心理師〟は臨床心理学の専門家

目指すのは心理職の理想形

公認心理師は、『公認心理師法』によって義務が定められており、そのなかのひとつに「心の問題を抱える人たちに対処するための知識及び技能の向上に努めなければならない」というものがあります。このように、**科学と実践の両方を身につけるべきという方針は、「科学者－実践者モデル」と呼ばれるもので、世界標準となっている考え方です。**

公認心理師の科学者としての側面とは、科学的な研究方法と、統計によるデータの評価方法を用いて実践の結果を検証することにあります。一方、実践者としての側面とは、習得した基礎となる心理学の理論を用いて、患者を支援する実践を積み重ね技能を磨くことです。その際、検証した実践の結果を役立てることが重要で、これを繰り返すことで、よりよい実践活動ができる理想的な公認心理師となれるのです。

また、近年は「生物－心理－社会モデル」という考え方も重視されるようになっています。これは、**心の病気は複数の要因で起きるという考え方を基にしており、その要因を「生物学的要因」「心理学的要因」「社会的要因」の3つに分類するものです。**この3つの側面から、患者の状態を判断し、治療や支援の方法を検討、実践しようという考えです。そのため、公認心理師には幅広い知識が求められているのです。

公認心理師に求められる実践と研究

実践
心の問題の解決や改善、予防を支援する実践活動

学んだ心理学の知識をベースに、心の問題を抱える人への援助、支援、予防などの活動を積み重ねて必要な技能を磨いていくことが、公認心理師に求められる実践です。

科学者――実践者モデル

実践の結果を検証する

検証の結果を役立てる

研究
実践活動の有効性を実証し保証するための理論と研究

心の問題を抱える人への援助を通して得られた事実を客観的に捉え、そうした実践の有効性を検証し、科学的な根拠に基づいた理論に結びつけていくことが、公認心理師に求められる研究です。

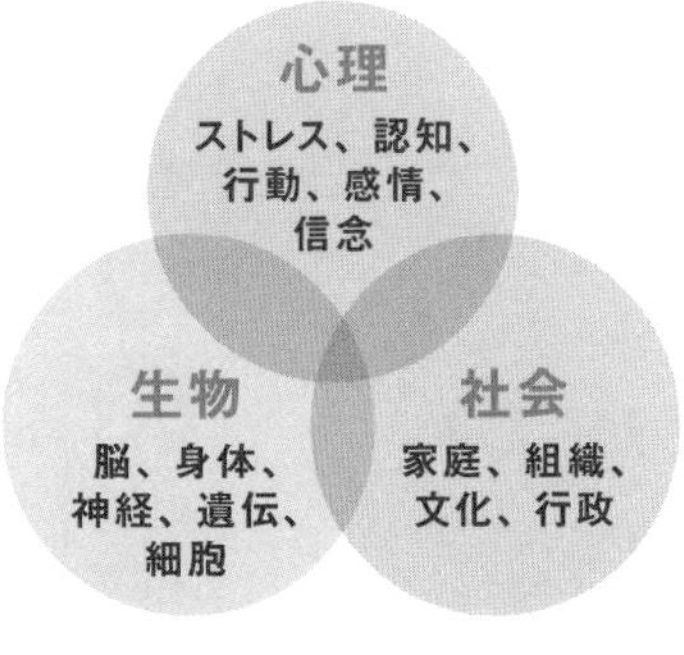

生物――心理――社会モデル

精神疾患に関係する3つの要因

1977年に、精神科医のジョージ・エンゲルが提唱した考え方で、生物的側面、心理的側面、社会的側面から人間を捉え、身体や心の問題の要因をこの3つの側面から検討し、適切な治療や支援方法を実践しようというものです。

第1章

心理的アセスメント・心理相談・コンサルテーション・心の健康教育

公認心理師に求められる4つの業務

患者ではなくクライエント

公認心理師には、『公認心理師法』の第2条によって4つの業務が定められています。第2条を要約すると、「要心理支援者の心理状態の観察とその結果の分析を行う」「要心理支援者の相談に応じ、助言、指導その他の援助を行う」「要心理支援者の関係者の相談に応じ、助言、指導その他の援助を行う」「心の健康に関する知識の普及を図るための教育および情報の提供を行う」となります。

「要心理支援者」というのは、心理に関する支援を要する人、つまり心の病気を抱えている人のことを指し、これを心理職の専門家は「クライエント」と呼びます。患者ではなくクライエントと呼ぶ理由は、クライエントには「自発的に支援を受ける人」という意味があり、**クライエントの自主性を尊重し、共感することでともに歩みながら心の問題を解決していこうという考え方が基になっています。**

さて、4つの業務に話を戻します。ひとつ目の業務である、クライエントの心理状態の観察とその結果の分析というのは、「心理的アセスメント」と呼ばれるものです。公認心理師はクライエントとの面接や観察、発達検査、知能検査などの心理検査などを通して、クライエントをさまざまな視点から捉え、人格や置かれている状況、想定される要因などの情報を収集して

公認心理師法で定められた公認心理師の業務

「公認心理師」とは、第28条（公認心理師登録簿）の登録を受け、公認心理師の名称を用いて、保健医療、福祉、教育その他の分野において、心理学に関する専門的知識および技術をもって、次に掲げる行為を行うことを業とする者をいう。

①心理に関する支援を要する者の心理状態を観察し、その結果を分析すること。（心理的アセスメント）

②心理に関する支援を要する者に対し、その心理に関する相談に応じ、助言、指導その他の援助を行うこと。（心理相談）

③心理に関する支援を要する者の関係者に対し、その相談に応じ、助言、指導その他の援助を行うこと。（コンサルテーション）

④心の健康に関する知識の普及を図るための教育および情報の提供を行うこと。（心の健康教育）

出典：『公認心理師法』第2条より一部改変

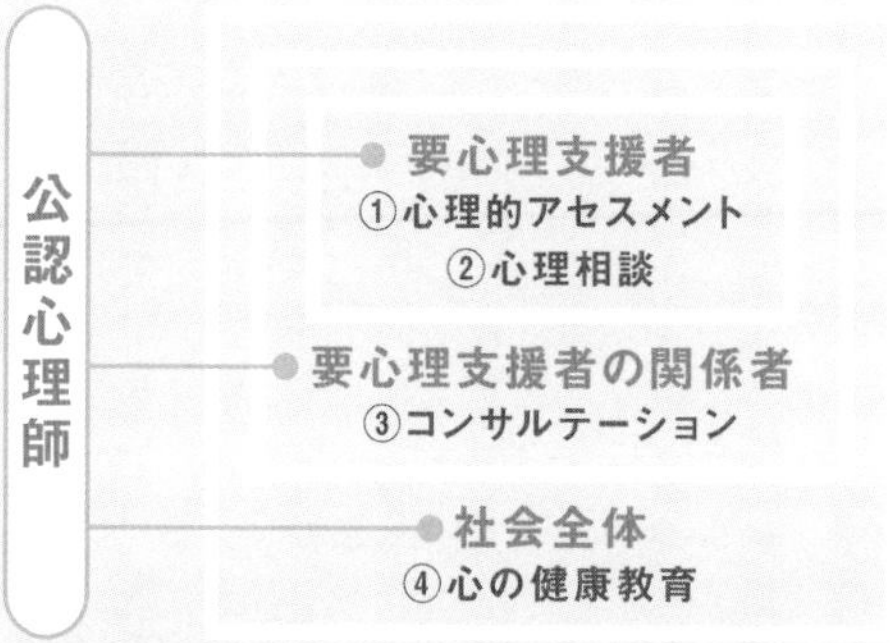

国民の心の健康を守る公認心理師

心理職の国家資格である公認心理師は、クライエントへの心理的アセスメントや心理相談だけでなく、クライエントの関係者や所属する組織、地域に対しても、心理的な支援、助言を行い、広く国民の心の健康を守ることが求められています。

「公認心理師」「心理師」の名称は資格保持者しか名乗れない「名称独占資格」

公認心理師と心理師の名称は、公認心理師の資格を持っている人しか使うことができない「名称独占資格」です。ただし「心理士」に関しては、すでに臨床心理士という資格があることもあって、公認心理師以外の心理職も使えるようになっています。

分析し、その結果を用いてクライエントが抱えている問題を理解することが求められます。これが、心理療法を行うための土台となり、その後の介入方針が決まります。

ふたつ目の業務、クライエントの相談に応じ、助言、指導その他の援助を行うというのは、「心理相談」や「カウンセリング」と呼ばれるものです。**公認心理師はクライエントが気になっていることや苦しんでいること、迷っていることなどをしっかり聞いて相談に乗り、必要に応じて適切な心理療法やさまざまな心理的介入を行います。**

本人以外の心のケアも実施

3つ目の業務、クライエントの関係者の相談に応じ、助言、指導その他の援助を行うというのは、「コンサルテーション」と呼ばれるものです。心理的アセスメントや心理相談と異なり、クライエント本人ではなく周辺の関係者に対して行われます。**クライエントへの対応方法など困っていることや悩んでいることなどを聞き取って相談に乗り、必要に応じて助言や指導などを行います。**たとえば、クライエントの家族、学校や会社の関係者に対して、クライエントとの接し方や対応方法について助言するといったことです。

最後の4つ目の業務、心の健康に関する知識の普及を図るための教育および情報の提供を行うというのは「心の健康教育」と呼ばれるものです。たとえば、**学校や職場で心の健康に関する講習会を開くといった活動です。**

もともと、公認心理師は『公認心理師法』第1条で、「公認心理師の資格を定めて、その業務の適正を図り、もって国民の心の健康の保持増進に寄与することを目的とする」とされており、日本の社会全体に対して、心の健康（メンタルヘルス）を保つための活動を行うことが求められているのです。

公認心理師が行う4つの業務

①心理的アセスメント

要支援者の心理状態の観察と分析

心理的アセスメントは、クライエントに関する必要な情報を集め、具体的な心理援助の方法を設定することが目的です。情報収集の方法は観察法・面接法・心理検査・調査法などがあり、公認心理師の専門的な知識と技能が求められます。

②心理相談

要支援者の心理に関する相談、助言、指導

心理相談はいわゆるカウンセリングです。公認心理師がクライエントの悩みや苦しみを聞き、クライエント自身が気持ちや考え方を整理できるようサポートを行い、状況に応じて心理の専門家としての助言や援助を行う心理療法を行います。

③コンサルテーション

要支援者の関係者への相談、助言、指導

コンサルテーションは、クライエントの関係者や周辺の人たちに対して心理相談を行うことです。クライエントの行動に困っていたり、悩んでいたりする関係者の話を聞き、適切な助言や援助を行い、問題を解決する手助けをします。

④心の健康教育

社会全体へ心の健康に関する教育と情報を提供

心の健康教育は、会社や学校などの組織、自治体などでいわゆるメンタルヘルスに関する講習会を開くなど、国民への心の健康教育と情報を提供することです。この業務は、公認心理師という資格が定められた理由のひとつとなっています。

第1章

心の病気を治すもうひとつの専門職

精神科医とどこが違うの？

一番の違いは診断と薬物治療

心の病気の専門家といえば、精神科医を思い浮かべる方も多いと思います。それでは、公認心理師と精神科医の違いはどこにあるかご存知でしょうか？

精神科医は、国家資格である「医師免許」を取得した医師で、「精神医学」の専門的な知識を持っており、心の病気を抱える人の診察、病名の診断、薬物治療、処方箋の発行といった「医療行為」を行うことができます。

一方、公認心理師は、ここまで解説してきたように、臨床心理学を基にした**「心理療法」によって、心の病気を抱える人の心理的アセスメントや心理相談によって、心の健康の回復を支援することが主な役割です。**診断による病名の決定や薬物治療などは行うことができません。これが精神科医との根本的な違いです。

また、心の問題を扱う診療科には、「精神科」と「心療内科」のふたつがあります。どちらも、心の病気を専門としていますが、精神科が対象とするのはうつ病、統合失調症といった心の病気です。一方、心療内科はストレスや心理的影響によって、頭痛や腹痛などのさまざまな身体症状が現れる「心身症」を扱います。

ですので、心理的な症状がつらい場合は「精神科」を、身体症状がつらい場合は「心療内科」を受診するといいでしょう。

精神科医と公認心理師の違い

精神科医は「医学」が基本
公認心理師は「心理学」が基本

精神科医は科学的な根拠に基づく精神医学を学んでおり、国家資格である医師免許を持っています。公認心理師はさまざまな心理学を学んでおり、公認心理師試験に合格し、名簿に登録しています。

	精神科医	公認心理師
所持資格	医師免許	公認心理師（※）
専門	精神医学	心理学
治療	医療行為	心理療法
できること	診察 診断 薬物治療 処方	心理的アセスメント 心理相談

※「公認心理師登録簿」への登録が必要

病名の診断や薬物治療は精神科医しかできない

心の病気に対して、病名の診断や薬物治療といった医療行為を行うことができるのは、医師免許を持つ精神科医だけです。公認心理師は病名を診断したり、薬物治療を行ったりすることはできません。

精神科と心療内科の違い

精神科

「精神疾患」の治療が主な対象

精神科は、統合失調症やうつ病、双極性障害、子どもの発達障害や高齢者の認知症などの心の病気や問題が主な対象となる診療科目です。

心療内科

「心身症」の治療が主な対象

心療内科は、ストレスや心理的な要因で頭痛や腹痛、吐き気、息苦しさといったなんらかの身体的不調が起きる「心身症」が主な対象となる診療科目です。

第1章

あらゆる場面で心のケアを担当

公認心理師は病院だけでなく学校や企業でも活躍

活躍が期待されている5つの領域

公認心理師の主な活動分野は、「医療・保健」「教育」「産業・労働」「司法・犯罪」「福祉」の5領域で、医療現場だけでなくさまざまな領域で活躍することが求められています。

医療・保健領域では、病院や診療所、クリニックの精神科・心療内科などで、クライエントへの心理的アセスメント、心理検査、心理相談といった心理療法を実施します。そのほか、がん患者の心のケア、精神保健福祉センターやリハビリテーションセンターなどでのデイケア・ナイトケア、職員へのコンサルテーション、保健センターでの乳幼児の健康診査、発達相談などにも関わっています。

教育領域では、スクールカウンセラーとして児童、生徒、学生のさまざまな相談に対応し、助言などの心理的援助を行います。学校での活動では、家族や教職員に対する心理相談とコンサルテーション、学校での研修、講習会なども実施しています。

産業・労働領域では、企業内相談室や企業内健康管理センターなどのカウンセラーとして、従業員のストレスや対人関係などさまざまな相談に対応するほか、職場へのコンサルテーション、研修や講習会などの心理教育も行います。公共職業安定所（ハローワーク）や障害者職業センターなどでは、就業や職場への不安、職業

公認心理師が活動する領域

公認心理師は医療や福祉の分野だけでなく、企業や教育、司法などの分野でも活躍

『公認心理師法』の第２条において、公認心理師は「保健医療、福祉、教育その他の分野」で活動することとされています。それが上の5つの領域で、幅広い分野で、心の問題を抱える人たちに心理学に基づいた心理的支援を行っています。

の適性の不安などに対する心理的援助を行っています。

司法・犯罪領域では、家庭裁判所調査官や法務教官、法務技官などに、公認心理師が任用されるケースがあり、**非行少年、非行少女の教育や心のケア、犯罪者の再犯防止や矯正に向けての心理面接、犯罪の被害に遭った人の心のケアなどを行っています。**そのほか、警察の少年課や少年相談窓口などで、公認心理師が子どもの心のケアを担当することもあります。

福祉領域では、児童相談所や子ども相談室で、いじめや友だち関係で悩む児童、生徒からの相談や、子育て、発達、非行といった子どもに関する悩みを持つ親からの相談を受け、心理的援助を行っています。

そのほか、障害者支援施設センター、老人福祉施設などで、さまざまな悩みや苦しみを抱える人たちに対し、心理的側面から援助しています。

多職種との連携でよりよいケアを実現

公認心理師は、5つの領域で業務を遂行するために、心理職以外の職種の人たちと協力する必要があります。公認心理師が単独で心理的支援を行うこともありますが、基本的にさまざまな職種の人たちと連携し、協力し合うことでクライエントの問題に対処することになります。

これは『公認心理師法』の第42条で義務として規定されているもので、クライエントが抱える問題にはさまざまな要因が複合的に絡み合っているため、**いろいろな分野の専門知識が必要となるという考え方で、「多職種連携」と呼ばれています。**

たとえば、医療の現場では医師や看護師、社会福祉士、精神保健福祉士などと連携して患者の治療にあたります。それぞれが専門分野の知識、技能を駆使して、連携、補完し合うことでよりよい医療を提供できるのです。

公認心理師と多職種連携

医師、看護師、教師、社会福祉士など他職種とチームを組んで活動

『公認心理師法』の第42条において、公認心理師は他の職種と連携して業務にあたることが義務付けられています。これが多職種連携という考え方で、医療現場では医療チームの一員として、教育現場では教育チームの一員としての活動が求められます。

第1章

専門家の診断・治療が回復への近道

心の病気の素人判断は厳禁！

専門家でも難しい心の病気の診断

人は誰でも大小さまざまな悩みやストレスなどを抱えているものです。そのことが原因で、ひどく気分が落ち込んだり、イライラしたり、怒りっぽくなったりしてしまうことがあるかもしれません。しかし、そのことをもって、心の病気だと判断するのは早計です。

なぜなら、心の病気は専門家でも診断が難しいからです。たとえば、身体の病気であれば、科学的な根拠に基づいた診察や検査をすることで、病気を特定し、薬物治療や手術といった方法で適切な治療を行うことができます。

しかし、心の病気はそうした科学的な根拠に基づいた診察や検査が難しく、患者さんの訴える症状や心理的アセスメントなどから得る情報、心理検査といった経験や統計に基づいた診断しかできません。さらに、心の病気は同じ症状でも原因はさまざまです。たとえば、「気分が落ち込む」という症状があった場合、可能性がある心の病気は、うつ病、双極性障害、統合失調症など多岐にわたります。さらに、**心の病気は重複していたり、時間経過で症状が変わったりすることがありますし、症状もその軽重も個人差が大きく、専門家でも正確な診断には時間がかかりますし、その診断が正しいのかどうかの判断も難しいのです。**それを素人が判断しようとしても、できるわけがありません。

心の病気の診断が難しい理由

身体の病気は“科学的根拠”に基づいて診断

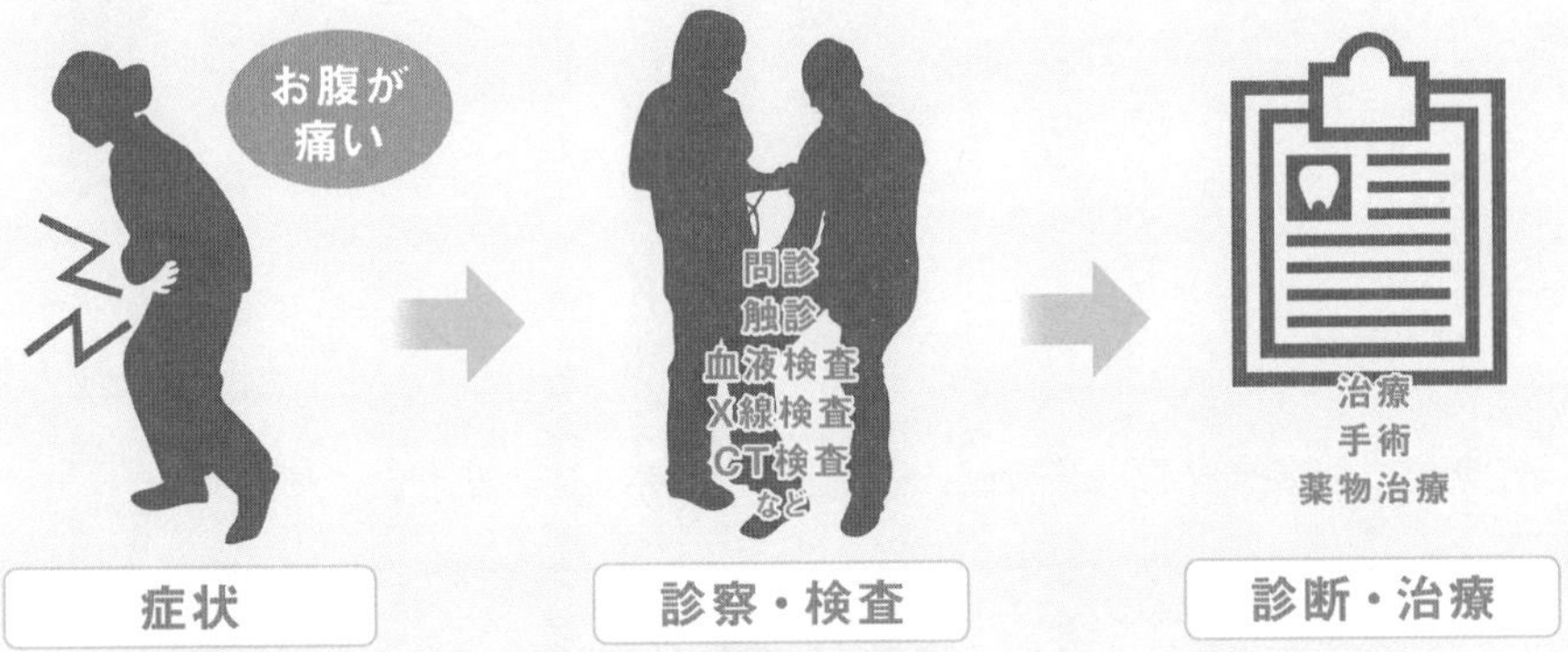

身体の病気は、科学的な根拠がある医学に基づいた問診、触診、血液検査、X線検査、CT検査などの結果から、客観的な事実を積み重ねることで、どんな病気か診断することができます。そのため、ほぼ正確な診断がくだせます。

心の病気は“症状”に基づいて診断

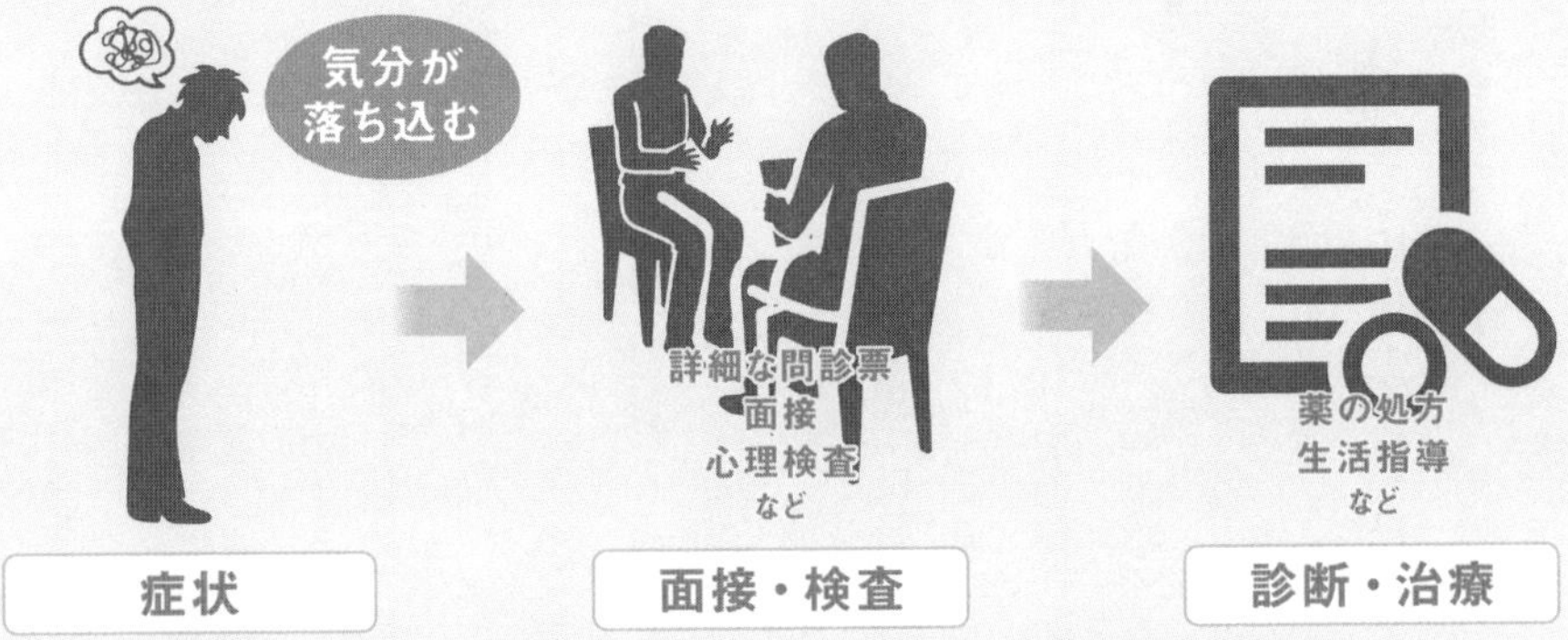

心の病気は、クライエントが自己申告する症状、問診や面接、心理検査などで得られた情報を積み重ねて、病名を診断します。症状の捉え方、表現方法には個人差があり、判断も統計データや経験にある程度頼ることになるため、診断は難しいのです。

素人判断ではなく専門家に相談を！

近年、インターネットで情報を調べることが容易になり、心の病気に関する情報も氾濫しています。そのため、自分の症状を検索して、勝手な自己判断をするケースが見受けられます。

インターネット上には、セルフチェック方式で、自分に心の問題があるかどうかを手軽に確認できるサイトがあります。しかし、こうしたセルフチェックは、代表的な症状に当てはまるかどうかをチェックしているだけで、目安にはなりますが、病名を確定することはできません。

たとえば、疲労やストレス、対人関係の悩みなどでちょっと気分が落ち込むことは誰にでもあると思います。そのようなとき、「うつ病」のセルフチェックをすれば、当てはまることが多くなるため、勝手に「自分はうつ病だ……」という誤った自己診断をしてしまうことで、見当違いな不安から余計落ち込んでしまったり、「病気だから仕方ない」といった勝手な思い込みを招いたりします。

逆にセルフチェックに当てはまらなくても、心の病気である可能性も十分考えられ、それによって適切な治療を受けるタイミングを逃し、病気を放置することで症状が重くなってしまう可能性まであるのです。

また、ＳＮＳなどでの言動から「おまえは統失（統合失調症）だ」といった勝手な決めつけをするケースが見受けられます。繰り返しになりますが、素人が病名を正確に診断できるわけもなく、単なる思い込みによる決めつけでしかありません。しかし、それを言われた側はどう感じるでしょう？「自分は統失なのか……」と思い悩む可能性も少なからずあり、非常に無責任で悪質であると言わざるをえないでしょう。

もし、「自分は心の病気ではないか？」と感じたら、公認心理師、精神科、心療内科へ相談して専門家の判断を仰いでください。

心の病気の素人判断は危険

同じ症状でも
原因はさまざま

症状から病名を診断できるのは精神科医だけ

心の病気は症状から診断しますが、同じような症状を引き起こす病気がたくさんあるうえ、症状が変化したり、症状が合併したりしていることも珍しくなく、病名を特定することは非常に難しい作業なのです。

症状の変化で病名も変化

症状の合併で診断が困難

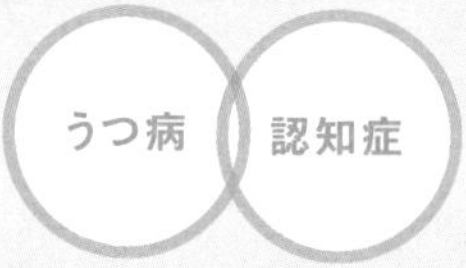

セルフチェックは“目安”にはなるが“診断”はできない

・見当違いな不安
・病名の思い込み
・治療の遅れ
・安易な逃げ道

インターネットにある「心の病気のセルフチェック」ですが、目安にはなるものの病名を診断することはできません。不安や思い込みを誘発してしまうので、気になることがあれば専門家に相談するのが一番です。

第1章

〝心の問題だから……〟と諦めるのは間違い

どんな心の病気でも回復する可能性あり！

おかしいと感じたら早めの受診を！

厚生労働省の『患者調査』によれば、心の病気にかかっている人は約４２０万人と推計されています。これは、受診している人をベースにした調査ですので、自分が心の病気であることにまったく気がついていない人たちや、「何かおかしい……」と疑っていても受診しないという人たちも確実にいるため、実数はもっと多いと推測されます。

すでに解説したように、心の病気は種類も症状も多岐にわたり、原因もはっきりとわかっていないものが多いという特徴があります。これが身体の病気との大きな違いです。しかも、残念なことに**心の病気に対する偏見は根強く残っていると言わざるをえません。そのため、精神科や心療内科を受診することに抵抗があるという方は少なくないでしょう。**

もし、受診の結果、精神疾患という診断を受けた場合、診断名を公表して生活することは、学校や会社での理解が得られにくかったり、周囲の偏見の目にさらされたりする可能性がゼロではありません。

しかし、自分の病気がはっきりとわかれば、適切な治療や生活習慣や環境の改善を行うことができます。また、はっきりと病名が診断されることで、公的な支援や職場での配慮をお願いするときにも役立ちます。ですので、心の不調

心の病気は誰でもかかる可能性があるもの

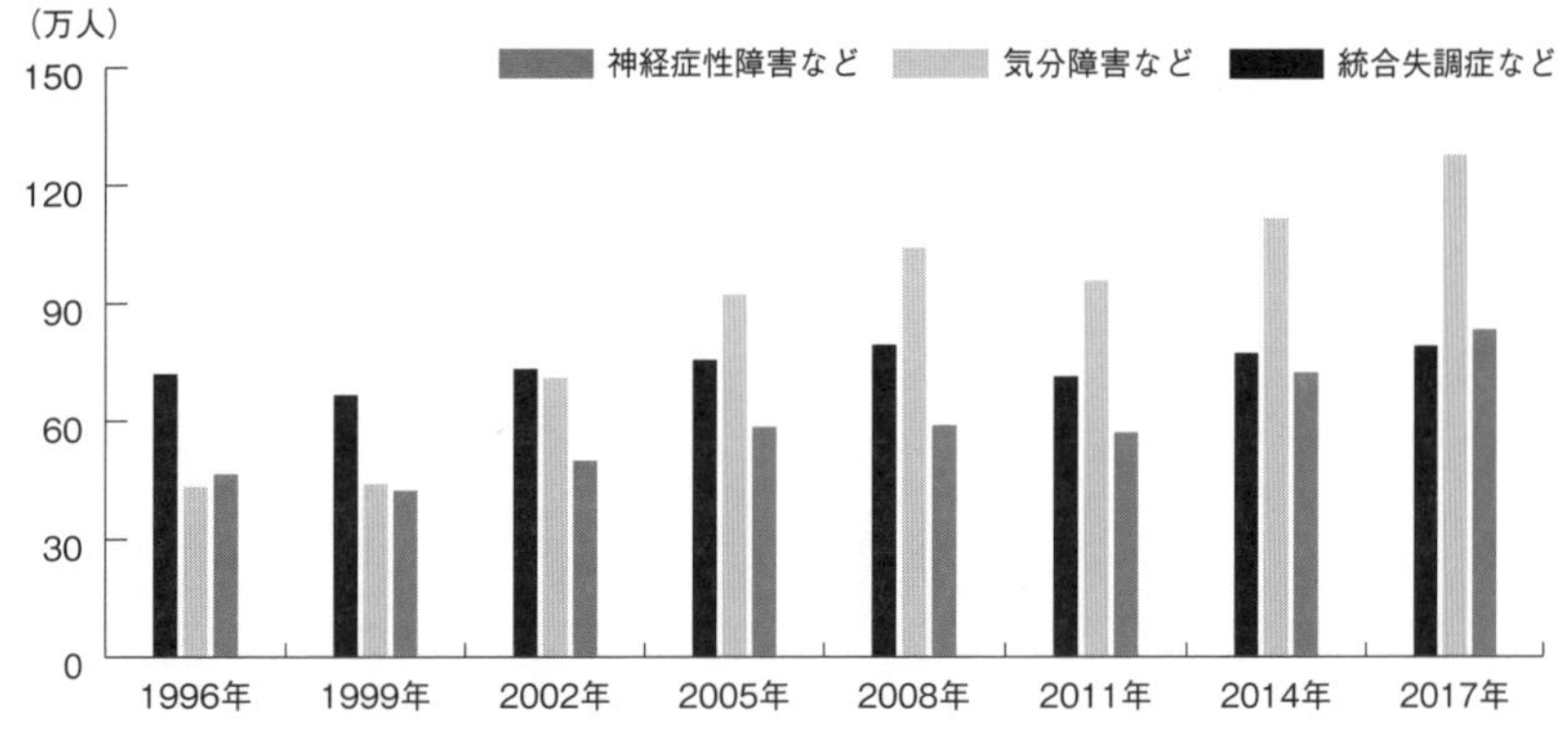

出典：厚生労働省 政策統括官付参事官付保健統計室『患者調査』

(注) 1．患者数(総患者数)は、調査日現在において、継続的に医療を受けている者(調査日には医療施設で受療していない者を含む。)
総患者数＝入院患者数＋初診外来患者数＋(再来外来患者数×平均診療間隔×調整係数(6/7))
2．2011年の数値は、宮城県の石巻医療圏、気仙沼医療圏及び福島県を除いた数値である。

心の病気は約420万人(約30人にひとり)

日本で何かしらの心の病気にかかっている人は約420万人おり、もっとも多いのはうつ病などが含まれる気分障害です。決して変な病気などではなく、誰でもかかる可能性がある普通の病気なのです。

適切な治療で心の病気は回復する

心の病気は、一度かかったら絶対に治らないというような病気ではありません。身体の病気のように症状の重さや回復度合いを測ることはできませんが、身体の病気と同じで適切な治療によって回復します。

心の病気と診断されても悲観する必要はない

慌てず・焦らず・前向きに治療すれば回復する

心の病気は公認心理師などの心理職によるカウンセリング、精神科医による治療、周囲の協力と本人の取り組みによって回復する病気です。悲観する必要はなく、焦らず、前向きに捉えてしっかりと治療を受けましょう。

を感じたら、公認心理師などの心理職によるカウンセリングや精神保健福祉センターなどの機関に相談してみるとよいでしょう。うつ病のように放置すると悪化する精神疾患はかなり多く、悪化すればするほど治療にも時間がかかります。早く対応すればするほど、金銭的負担も時間的負担も少なくて済みますので、心の不調を感じたら早めの相談をするのが正しい選択なのです。

心の病気は個性や特性のひとつ

精神疾患と診断されると、病名がなんであれショックを受けることは容易に想像できますが、悲観する必要はありません。**精神疾患は決して不治の病などではなく、適切な治療や心理療法、カウンセリングなどを受けることで、回復する可能性のある病気です。自分の個性や特性のひとつだと前向きに受け止めましょう。**

これは、自分の子どもが「発達障害」といった精神疾患の診断を受けたときも同様です。決して悲観的にならず、その子のことを理解することをすすめましょう。

精神科医には、「どんな病気なのか?」「治療方針」「治療期間はどれくらいなのか?」「薬の効果」などをしっかり聞きましょう。特に、自分で判断できない子どものときは、親が判断しなければならないためとても重要です。しっかりと説明を聞いたうえで、自分がどう病気に向き合うかを自分の意思で判断します。

もし、**診断名に納得できないときは、セカンドオピニオンも選択肢のひとつです。**前述したように、精神疾患の診断は非常に難しく、あいまいであったり、時間の経過とともに診断名が変わったりする場合もあります。症状が似ている精神疾患は多く、さらに併発していたりすると、さらに診断が難しくなりますので、診断に納得できない場合は、別の精神科医の意見を聞いてみることも大切です。

最終的な判断は自分の意思で

病名や治療方針についてしっかり説明を受け自分自身が納得できることが重要

精神科医による診察を受けた際は、自分が疑問に思う点があれば必ず質問してください。特に病名とその診断理由、治療方針、治療期間、薬の効果については、会社や家族への説明に必要となりますし、治療のスケジュールや進捗状況を理解していれば、自ずと気持ちは前向きになるはずです。

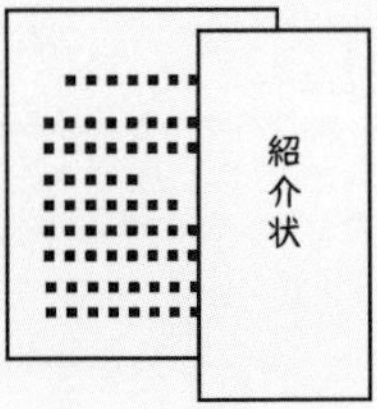

説明に納得できなければセカンドオピニオンを選択

精神科医の説明に納得できない部分があるときは、紹介状を書いてもらい、別の医療機関の精神科医に第2の意見を求める「セカンドオピニオン」を選択するとよいでしょう。

自分で判断できない子どもの場合は親がしっかりと判断する

子どもが精神疾患と診断された場合は、親が責任を持って判断する必要があります。「本当に障害なのか？」「単にほかの子どもより成長が遅いだけなのか？」といったことを熟慮しなければなりません。家族で判断できないときは、児童福祉施設や公認心理師などに相談して、アドバイスをもらうことも重要です。

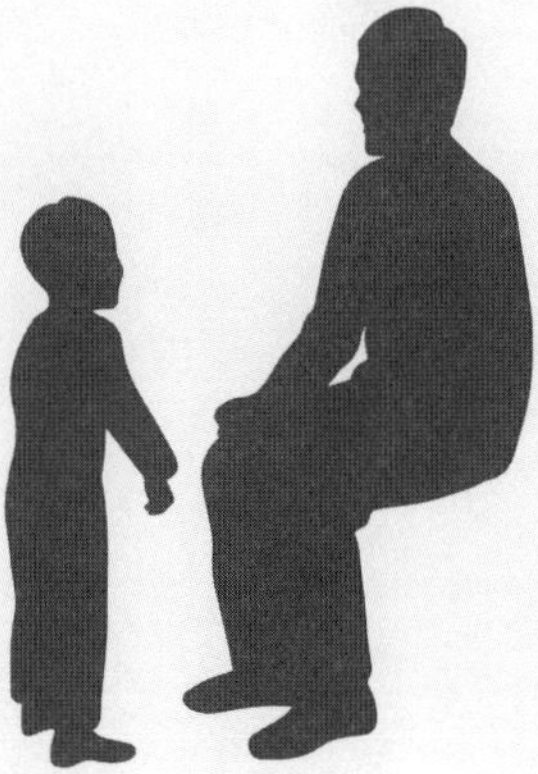

障害かどうかの見極めが重要

ＡＤＨＤと診断された子どもの気持ち

手紙に書かれていたこと

小学生の女の子からとある手紙が届きました。読んでみると、彼女は「あなたはＡＤＨＤだ」とまわりから言われたようです。

彼女は、自分がＡＤＨＤと言われ戸惑っているとのこと。聞いたこともないような病気と診断されてしまい、これから自分に何が起こり、どうなっていくのかわからないのですから、不安も当然のことでしょう。病気だと言われても、熱が出た、動きが不自由だなどといった、いわゆる「症状」はありません。本人はおおむね困っていないのです。それにもかかわらず、まわりが、「落ち着きがない」など、何らかの困りごとを感じ、きっとＡＤＨＤだということになったのでしょう。

突然の宣告に戸惑う子どもたち

彼女の書いた文章を読むと、文字はしっかりしています。バランスも割りと取れていて、「多動な」印象はありません。もちろん、これだけではよくわかりません。彼女が何に困っているのか、教えてもらう必要があります。

たまたま、自分のことをＡＤＨＤかもしれないと言う知り合いがいます。その人に女の子の相談相手をしてもらうことにしました。いろいろと聞いてみてもらったところ、女の子はＡＤＨＤの子はどうなっていくのかを知りたいようです。当然のことです。彼女がそうではないかもしれませんが、人に相談することで、自分を知ることにはつながるでしょう。

子どもにとって、ある日「あなたはＡＤＨＤです」と言われることは、突然の宣告です。特にその病名は聞き慣れたものではないでしょう。理解できずに戸惑って当然です。突然飛んできたボールに当たったら驚くのは当たり前。大事なのは、混乱していたとしても、説明して、わかってもらうことです。さらに、それがもたらすことについても伝える必要があります。

どうなるのかは誰にもわからない

ＡＤＨＤの子どもが、成長するにつれてどうなるのかははっきりしていません。医学的診断では、ある時点での状態から診断名はつきます。しかし、発達期にある子どもがどう変化していくかについては、決して明確ではありません。

子どもたちの成長を見ていると、いろいろな出来事があります。人との出会いが、一生を変えることも少なくありません。子どもに、早々に自分についての思い込みを抱かせるのは問題と感じます。

この女の子にも、さまざまな夢が生まれ、それを実現していく道があるでしょう。彼女には、大きな可能性があります。そんな人生が待っているのだから、自分を決めつけないでほしいなと思っています。

これから、どんな文通が展開するでしょうか。楽しみです。

家族から見た「発達障害」

実際に発達障害の家族を持ったリアルな体験談を紹介していきます。
なお、下段には公認心理師からのアドバイスも併せて掲載しました。

いきなり診断された「発達障害」

私の息子が発達障害だとわかったのは1歳半くらいのときでした。きっかけは乳幼児検診の最中に保健師さんから言われた「耳が聞こえていないのでは？」という言葉です。たしかに、上の長女は生後9カ月くらいから話し始めていたのに比べると遅いのかな？とは思っていたのですが、この時点ではさほど気にしていませんでした。しかし、同じ年齢の子どもたちが話す姿を見るうち次第に不安に思い、近所の耳鼻科に相談したところ、大きな病院を紹介してもらい検査することになったのです。そこでの検査はかなり大規模なもので、聴覚をはじめ、脳波などいろいろな検査したところ、耳や脳に異常なところはないと診断されます。そこから小児心理科に通され病名が判明することになりました。

正直なところ、「発達障害の可能性があります」と診断されたときは青天の霹靂でした。なぜなら発達障害というのはどういうものなのか、治療法についてもよくわかっていなかったからです。しかし、そのときに診てもらった先生から「こんなに小さい年齢の段階で診断できるのはまれなことです。ご両親がちゃんと子どもを見ているからですね」と言われたときに救われる思いがしました。先生いわく、「発達障害ではないかと気がつくのは小学校の入学前の健診や学校生活が始まってから（※1）、なかには大人になって仕事を始めてから気がつく人もいる。それに比べると、早い段階から発達障害だとわかってい

公認心理師のアドバイス

（※1）発達障害が診断されるきっかけとして小学校が多い理由は、集団生活（集団学習）によって違う行動をとる子供が目立つからだと考えられます。文部科学省の調査では小学1年生の時で1割弱と言われていますが、子どもは成熟していくため、ずっとその症状で変わらないという固定した考えはやめるべきでしょう。また、大人になって発覚する場合も、子どもの発達障害と似てはいるかもしれませんが、必ずしも同じだと考えないほうがいい面もあると思います。

れば、子どもを観察できる時間が多くなるため、成長に合わせて対応がしやすくなる」と聞いたからです。こうして先生と家族が二人三脚となり息子の治療がスタートします。

よく観察して対処方法を見つけ出す

最初はとにかく観察をすることをすすめられたため、じっくりと見ていたところいろいろなことがわかってきました。本来であれば、嫌なことや不快なことがあると言葉で訴えてきます。「食べたくない、歩きたくない、眠い……」などです。しかし、感情を言葉で表せない息子はどうしたのかというと、とにかくよく泣きました。おそらく、自分の思いが伝わっていない、不満などいろいろなことがあって言葉以外で伝える唯一の手段だったのでしょう。散歩や買い物途中など、近所に響くほどの大声でとにかくよく泣いていました。まだ乳児のときでしたらまわりの人も「あらあら泣いているわね」ですむのですが、歩くようになってから出かけた先で大号泣すると、まわりから「虐待しているのでは?」というように見られてしまいます。そのため、食事中であっても飲食店を出ることもしばしばありました。しかし、それは少しずつ改善していきます。その方法は「とにかくいろいろ体験させる」ということでした。泣く原因をいろいろ考えてみたところ、初めての場所だから不安になる、嫌いな食べ物ばかりが出てきて嫌だ(※2)、などちょっとずつわかってきたのです。

そこで、同じところに何度も通って「ここは大丈夫な場所なんだよ」と理解させることにしました。もちろん、すぐに慣れるわけではありませんでしたが、それでも何度も通うことで、入り口の場所、トイレの場所などがわかり、以前来たことがある場所だと認識すると、大声で泣くことは減っていきます。食事については、最初は夫婦で交代しながら泣

(※2) よく偏食が多いなどと言われていますが、全員がそうであるとは限らず、普通の好き嫌いと同じで病気の症状とは言えません。食感や嗅覚などが優れている可能性もあるので、そこを育てていけば将来に役立つものになっていくと思います。

きそうなときは外に連れ出すという方法を取っていました。しかし、これではゆっくり食事ができません。そこで妻が考えたのが「バイキング」方式の店に行くことでした。バイキングなら好きなものや気になるものを選んで食べることができます。そのうち、食わず嫌いだった食材を食べられるようにもなりました。こうして泣く理由を少しずつ減らしていったところ、3〜4歳くらいからは普通に外食できるようになっていったのです。

小学校で起きたとある事件

しかし、小学校に入ると新たな問題が発生します。それは「通級」という制度でした。そのころ住んでいた自治体では、週に1回別の学校にある支援教室に通うことになっていたのです。通うことについて本人は特に気にしていないようでしたが、まわりの子どもたちはそうではありませんでした。「なぜ、あいつだけ授業の途中でどっかに行くの？」となり、授業を抜け出して別の学校で遊んでいるのはズルい、となってしまったのです。小学校の高学年であれば、先生が理由を説明することである程度は理解できるでしょう。しかし、まだ低学年の子どもたちにとっては、いくら先生が説明したところでなかなかわかるものではありません。最初は軽い気持ちのイジリですが、だんだんエスカレートしていき「週に1回授業を抜け出す奴」となって仲間外れの対象になっていきます。こうなってくると小学校そのものが嫌な場所へと変化していき、次第に登校を拒否するようになっていったのです。

そして事件が起こります。私自身は自営業であったため、普段はその日にあった出来事などを必ず聞くようにしていました。しかし、ちょうどそのころ体調を崩して入院してしまっており、様子をうかがうことができていませんでした。そこに近所の中学校に通う娘

（※3）何か問題が起きた場合、落ち着かせる（クールダウンさせる）ためにその場を離れるという指導方法をとる場合があります。これは「タイムアウト」とも言います。しかし、その場所から遠ざけて問題を先送りするだけなのであまり推奨はしません。何か問題が起きたときには、その場から遠ざけずに本人と一緒に解決していくのがいいと思います。

から、どうやら小学校で息子が飛び降りようとしたと連絡が入ったのです。面会時間ではなかったものの、病院に事情を話して会って話を聞くことにしました。どうやら私が入院したことによる心の動揺があった時期に、当時の担任の先生が聞くに堪えない暴言を吐き、周囲の子どもたちも面白がって一緒になっていたため、自暴自棄になってそんな行動をとってしまったというのです。これにはさすがに怒り心頭でしたが、怒ったところですぐに改善できるものでもありません。そこで私は「嫌なら無理して学校に行かなくていいよ」と伝えました。勉強自体は自宅でもできますし、嫌な場所で嫌な思いをするくらいなら自宅のほうがマシです。もちろん、このこと自体を泣き寝入りするつもりはまったくありません。退院後、校長や当時の担任、教育委員会などとも何度も何度も話を重ね、改善策を求めました。その後は、通級の頻度が減り、逆に支援学級の先生が通常の学校に巡回指導することになり（※3）、ほかの子どもたちも「ああ、違う学校で勉強していたんだ」と理解が深まり、その後は大きな問題に発展することはありませんでした。

環境の変化が苦手な子が環境の変化を望む

中学校になると新たな問題が出てきます。それは進路です。成績は下から数えたほうが早いほどで、学校の先生からは支援学校もすすめられました（※4）。しかし、好きな科目については驚くほどの知識を持っていたため（※5）、私たちはこれを伸ばす方法はないかといろいろ考えていったのです。環境が変わると慣れるまで時間がかかるのではと心配していたのですが、本人に聞いたところ逆に環境を変えたいので別の学区に通いたいと話してくれました。そこでいろいろと環境にあった高校を探していたところ、妻が生徒の悩み相談に乗ってくれるカウンセラーが常駐している学校を見つけてきたのです。早速その学

（※4）特別支援教育を受けると、なかなか通常教育に戻るのが難しいという側面もあります。これは今後の課題ともいえるでしょう。また、親御さんが悩みがある場合は、自分のなかにため込まず、できるだけ多くの人に相談したほうがいいでしょう。

（※5）ときには驚くほどの記憶力を持っている子どももいます。しかし、通常は時間がたつと記憶はあやふやになっていきますが、このような子どもはすべて記憶していくため脳が疲弊してしまいます。オーバーヒートになってしまわないよう、適切に休憩をとらせるなどまわりが配慮するよう心がけましょう。

校に本人と一緒に見学に行ったところ、本人も気に入った様子。面談でも先生方からの「勉強できる環境づくりを重視しているので安心してください」との言葉に安心して、その学校に入学を決めました。最初は環境が変わることで不登校などを心配していましたが、それは杞憂に終わりました。勉強に集中できる環境であったこともあり、成績がぐんぐん伸びていったのです。カウンセラーが常駐しているのも幸いでした。生徒間でよくありがちな悩みもすぐに相談に乗ってくれて、先生にもきちんと報告され共通認識を持っていただいていたため、本人も気持ちよく学校に通えていったのです。こうして成績は常にトップクラスとなり、今年ついに志望の大学へと進学することができました。現在も大学に通いながら、自分の好きな学問を研究しているようです（※6）。

決してネガティブにならない

これはあくまでも私たち家族の例であって、それぞれの環境によって全員が同じような結果になるとは限らないと思います。しかし、最初に診てくださった先生から「この子は実年齢より5歳年齢が若いんだと思って見ていてください。そのうち成長が追いつくこともあると思いますよ」という言葉を信じて育ててきました。もちろん、本人の成長もあると思いますが、家族も大きく変わるきっかけになったのも事実です。このような弟を持った娘は、幼い子どもの面倒を見ることを当たり前と思うようになり、現在は幼稚園教諭、保育士、小学校教諭の免許を取得し、子どもたちと関わる職場で働いています。私たち夫婦も大変なことばかりでしたが、今振り返ってみれば、面白いエピソードもここに書ききれないほどたくさんありました。だからというわけではないでしょうが、発達障害は決して家族がネガティブに考える必要はないと切に思っています。

（※6）将来のことを考えて、小さいころから「仕事」に目を向けさせるのが大事です。その仕事はどんなことをやるのかなどを家庭内でもきちんと説明し、体験させることが重要です。

第2章

子どもが抱えやすい心の問題

第2章

発達障害児を支援するために

発達障害は生まれつきの個性や特性と考えるべきもの

優先すべきは子どもたちの心

発達障害（神経発達症群／神経発達障害群）とは、先天的な脳機能の問題によって社会生活に困難が生じる疾患のことです。かつては「本人の努力が足りない」「家庭環境のせい」「親の躾が悪い」などと言われていましたが、現在は医学的に否定されています。**発達障害は先天性のものであり、いわば生まれつきの特性なのです。**

それゆえに、発達障害に気づかないまま、あるいは**勘違いしたまま子どもに厳しい躾をしたり、過剰な努力を求めたりすれば、改善するどころか症状が悪化し、二次障害（78ページ）を招く恐れもあります。**

発達障害が現れる原因は、いまだ解明されていない部分が多く、残念ながら現代では根本的に治す方法は見つかっていません。

しかし、**定型発達の子どもに比べるとペースはゆっくりですが、発達障害の子どもの心も発達を続けます。症状の改善ばかりに目を向けがちですが、優先すべきは彼らの心です。**

このため、治療は「療育などによる支援」が中心となります。特性に合わせて適切な環境を整えれば、彼らが自らの意思で選択・行動し、あらゆる物事に前向きに取り組みやすくなります。そうして充実した生活を過ごしていくことによって、結果として症状の改善も期待できるようになるのです。

発達障害は特別に強い個性

いろいろなタイプの子どもたちがいる

発達障害と聞くとネガティブなイメージを抱く人は少なくありません。つい「できないこと」ばかりを気にしてしまいますが、「できること」にも目を向けてみましょう。なかには記憶力や芸術面において、定型発達の子どもよりも優れた才能を見せることがあります。

本人の努力不足、家庭環境、親の躾のせいではない！

子どもは褒められて伸びる

成功体験を積み重ねることで大きな自信につながっていく

「子どものわがまま」と誤解して厳しく叱責してしまうと二次障害を引き起こす恐れも……

昔に比べて発達障害の人が増えている!?

厚生労働省によれば、2017年度に医療機関を受診した発達障害者数は23.3万人。2002年度は3.5万人だったので、15年で6倍以上も増加しました。ただし、これは「発達障害者が増えた」というよりも「発達障害の認知度が高まった」と捉えるべきしょう。2005年、発達障害者支援法が施行され、発達障害に対する関心が高まりました。「もしかしたら自分も」という受診者が増え、潜在していた発達障害者が表面化したのかもしれません。

長期的な視野で支援する

『DSM－5』の診断基準によれば、発達障害の中分類は、知的能力障害群、コミュニケーション障害群、自閉スペクトラム症／自閉症スペクトラム障害、注意欠如・多動症／注意欠如・多動性障害、限局性学習症／限局性学習障害、運動症群／運動障害群、他の神経発達症群／他の神経発達障害群の7つです。発達障害と言っても、その特性は人によってさまざまで、同じ疾患でも特性の現れ方には個人差があります。

たとえば、同じ自閉スペクトラム症の子どもでも、他人に興味を示さずに物静かでひとりを好む子どももいれば、積極的に他人にかかわって一方的に話し続ける子どももいます。さらに、発達障害はそれぞれが複雑に重なり合っています。特に、自閉スペクトラム症、注意欠如・多動症、限局性学習症の3つは併存しやすく、目立つ特性も複雑になっていきます。

このため、発達障害の子どもをケアする際は、症名に捉われず、本人をしっかりと観察し、どのような特性が現れているかをチェックすることが重要です。また、発達障害の支援は長期的な視野で行うことが理想です。なぜなら、発達障害の子どもは、理解力の偏りや記憶の仕方に特異性が見られ、定型発達の子どもよりも環境の影響を受けやすいからです。

学校にはさまざまな授業や行事があり、進級や進学によって入る教室、通う学校、クラスメイトの顔ぶれも変わります。次々と環境が変化するなか、**どの環境のときに好ましい特性があらわれ、逆にどの環境で好ましくない特性があらわれたのか。そうした過去の生育環境が把握できていれば、支援する側も適切なサポートを提案しやすくなります。**特性は人によってさまざまだと言いましたが、環境や加齢、本人自身の成長によっても変化するのです。

発達障害（神経発症群／神経発達障害群）の分類

■知的能力障害群（ID） ………………………………………… P.48
■コミュニケーション症群／コミュニケーション障害群（CD） ………… P.70
■自閉スペクトラム症／自閉症スペクトラム障害（ASD） ……………… P.52
■注意欠如・多動症／注意欠如・多動性障害（ADHD） ……………… P.56
■限局性学習症／限局性学習障害（SLD） ……………………………… P.66
■運動症群／運動障害群（MD）
- チック症群／チック障害群（TD） ……………………………………… P.60
- 発達性協調運動症／発達性協調運動障害（DCD） ……………… P.74
- 常同運動症／常同運動障害（SMD） …………………………………… P.74

■他の神経発達症群／他の神経発達障害群 ………………………… P.74

発達障害は単独ではなく重なることもある

とくに併存が多いのは自閉スペクトラム症

発達障害の代表的な特性は、複雑に重なり合っています。2020年、弘前大学・研究チームの調査発表によれば、自閉スペクトラム症の88.5％は、少なくともひとつの発達障害を併発しているそうで、そのなかでも注意欠如・多動症を併発していたのは50.6％、知的能力障害群の併発は36.8％という強いかかわりが見られます。

第２章

精神遅滞とも称される知的発達の障害

知的能力障害（ＩＤ）

知的機能・適応機能・発達期で診断

知的能力障害（ＩＤ）は、同年代と比較して知的発達に遅れが見られ、上手に社会的適応ができない特性です。「精神遅滞」や「知的発達症」とも表記されます。知的機能、適応機能、発達期という3つの基準を満たすと知的能力障害と診断されます。これまで診断基準のベースとなっていたのは知的機能でした。ＩＱ（知能指数）平均１００・標準偏差15の検査において、約70以下がこの特性に該当し、約51〜70が軽度、約36〜50が中度、約21〜35が重度、約20以下が最重度と、ＩＱの範囲によって４つの重症度に分かれていました。

ただし、『ＤＳＭ－５』による**「ＩＱのみで診断することはできない」との見解を受け、現在は知的機能に加えて「適応機能」も併せて診断されるようになりました。**適応機能では、対人関係に必要な社会的スキルや生活に必要な実用的スキルの有無などが心理職によって行動観察されます。そして、最終的に知的機能と適応機能の問題がおおむね18歳までに認められたか否かを確認する「発達期」の診断を経て、知的能力障害かどうかが決まります。

厚生労働省によれば、知的能力障害の有病率は一般人口の約１％とのことです。男女比はおよそ軽度１・６：１〜重度１・２：１で、やや男性に多い傾向が見られます。

知的能力障害の判定基準（軽度～最重度）

	a	b	c	d
Ⅰ（IQ～20）	最重度 知的障害			
Ⅱ（IQ21～35）	重度 知的障害			
Ⅲ（IQ36～50）	中度 知的障害			
Ⅳ（IQ51～70）	軽度 知的障害			

参考：『平成17年度知的障害児(者)基礎調査結果の概要』厚生労働省

厚労省の診断表は左のとおり。横軸Ⅰ～ⅣはIQ、縦軸a～dは生活能力（適応機能）の水準。aに近づくほど自立生活が困難で、dに近いほど自立生活ができることを意味する。IQが低くても、適応能力が高ければ、ひとつ軽い等級で診断される。

「中度」の特徴

- 指示されれば着替えられる
- 入浴時に自分の体を洗うことはできるが、洗い残しがある
- ひらがなの読み書きはある程度できる
- 新しい場所の移動や交通機関の利用が困難

……など

「軽度」の特徴

- 身だしなみや衣服の着替えなど、基本的な生活習慣が確立している
- 文章による簡単な意思表示や理解はできるが、漢字の習得は難しい
- 集団生活や友人との交流は可能

……など

「最重度」の特徴

- 基本的な生活行動ができない
- 便意を伝えられない
- 意思疎通は難しいが、身振りや簡単な単語で意思表示をすることもある

……など

「重度」の特徴

- 着替え、入浴、食事などの基本的な生活に指示やサポートが必要
- 簡単な受け答え以外の意思疎通が苦手
- ひとりでの外出が難しい

……など

子どもの発達に合わせた適切な支援ができれば、可能性は大きく広がるのでポジティブに考える！

多くの場合、知的能力障害の根本的な治療は難しいというのが現状です。しかし、特性や重症度に応じて適切な環境を整えることによって、適応機能に改善や向上が見られる可能性があります。

本人だけでなく家族のケアも考える

49ページでも述べたとおり、知的能力障害は根底にある障害そのものの改善が難しい特性です。このため、適応機能の向上を促して生活しやすくする支援が中心となります。

一般的な支援は、家庭・ケアホーム・施設などで協働的に行われます。教育面では特別支援学校における少人数教育によって、一人ひとりの実態に即した指導が行われます。通常学級のような学年別ではなく、発達期における重症度に応じ、各教科の目標や内容を段階的に提示して指導します。また、各教科の学習だけでなく、自分の意思の伝え方や日常における行動など、社会生活を送る上で必要な知識・技能を獲得できるような指導も行われます。

なお、ごく軽い軽度知的能力障害の場合、本人や家族も特性に気づかないまま大人になるケースもあります。このような場合、成績の悪さが本人の努力不足と見なされ、劣等感を抱いていることも多いため、心のケアも重要です。また、幼少期に診断を受けた子どもに対しても同様です。知的能力障害は、適応機能のケアが優先されやすいので、心のケアをおろそかにしないように気をつけなければいけません。

一方、家族に対するフォローも重要です。自分の子どもが知的能力障害だったと発覚したときのショックは大きく、子どもに対して適切な支援を行えないことがあります。**周囲の支援や環境によって、十分にその人らしい人生が送れることを理解してもらい、前向きに支援に取り組めるように促します。**

家庭での支援が中心の場合、一時的に子どもを施設や行政サービスなどに預けて心身の負担を軽減するサポートも、家族全体の生活の質を高めるうえで重要です。公的サービスを知らないまま家族が疲弊していくこともあるため、しっかりと周知させる必要があります。

知的能力障害とのかかわり方・支援

関わり方に配慮する

①感情的に叱らない
②威圧的な指示はしない
③認識の間違いを正す
④わかるように話す
⑤我慢できたら認めてあげる

知的能力障害は行動の理由を理解することが苦手です。理解が追いつかずにトラブルを起こしたとしても、感情的に叱らず、冷静に説明しましょう。

違いを理解し共感する

①本人の困り度を知る
②まずは共感する
③答えをせかさない
④ゆっくりと話す
⑤答えやすい話をする

知的能力障害本人の困りごとを理解するのは難しいです。何を、どのように感じているのか、彼らと共通体験を通して知っていくことが大事です。

コミュニケーションへの配慮

①語彙が少ないのを理解する
②一文一意の形にする
③悪気のないストレートな表現
④質問の表現を変えてみる
⑤二重否定は使わない

知的能力障害は複雑な文章や表現の理解が困難です。長い言い回しや比喩などを避け、時間をかけて単文で簡潔に伝えるように心掛けましょう。

公認心理師のアドバイス

発達のペースはゆっくりだが伸びていく

本来の能力がわかりづらい障害と言えます。そもそも「知能」についてはよくわかっておらず、その定義も統一されたものはありません。知能そのものが不確かなものですから、その障害についても明確な定義はできません。

知能は経験や学習によって、変化・成長していきます。このため、体験や教育が重要とされます。子どもが成長するにつれて、能力は変化します。また。知的能力障害のある人に合わせて、社会の考え方、仕組みが変わっていくことも大切です。これにより、子どもや本人の生きやすさも変化していきます。

第2章

共感が苦手で、特定の対象に強いこだわりを見せる

自閉スペクトラム症／自閉症スペクトラム障害（ASD）

約9割に併存症が確認される

自閉スペクトラム症／自閉症スペクトラム障害（ASD）は、かつて自閉症、アスペルガー症候群、広汎性発達障害などと呼ばれていた発達障害群です。スペクトラムは「連続」を意味し、現在はこれらを一連の特性として捉え、自閉スペクトラム症の名称で統合されています。

特性は「社会的コミュニケーション障害」と「限局された反復的な行動」の大きくふたつに分けられます。前者は状況や相手に応じたかかわりが苦手で、後者は特定の行動を繰り返すという特徴があります。このふたつの特性が発達早期から確認されると、総合的な診断を経て自閉スペクトラム症と認められます。特性の強さに応じて3段階の重症度があり、支援を要する「レベル1」、十分な支援を要する「レベル2」、非常に十分な支援を要する「レベル3」に分けられています。

併存症を抱えやすく、実に約88％以上がひとつ以上の疾患を持っていると言われています。知的能力障害（48ページ）の併存も見られますが、逆に極めて高い知的能力を有していることもあります。

厚生労働省によれば、自閉スペクトラム症の発生頻度は約1％とのことです。男性に多い傾向が見られ、発生頻度は女性の約4倍という報告もあります。

自閉スペクトラム症の特性は大きくふたつある

社会的コミュニケーション障害

他人との意思疎通が苦手で、いわゆる「空気を読むこと」もほとんどしません。学校でも浮いてしまったり、友人はいても、それほど親交を深めようとしなかったりすることもありますが、少しずつ相互関係を学んでいきます。

非言語の意思疎通が苦手

相手の視線や表情から感情を読み取ることが苦手／家族を含め他人に対する関心が弱い／あまり言葉を話さない傾向がある……など

表面的な言葉の意味に捕われやすい

慣用句や比喩、曖昧な表現、皮肉・誇張・冗談などの理解が苦手／「おはよう」「こんばんは」を使用するタイミングがわからない……など

たとえ家族であっても他人とは興味や関心を共有しないことがある

限局された反復的な行動

限局は「狭い」という意味で、特定の動作を繰り返したり、特定の対象に強いこだわりを持ちます。周囲から見ると不思議な行為に見えますが、本人にとっては非常に重要なもので、こだわりが妨害されるとパニックに陥ることも。

同じ行動を繰り返す

体を揺らす／クルクル回る／その場で跳びはねる／ひとつの物を触り続ける／物や空間をじっと見つめ続ける……など

特定の物や事柄にこだわる

通学路は必ず決まった道順を進む／特定の言葉を繰り返し口にしたり、書いたりする／収集癖を持つ／特定分野の名称を暗記する……など

「いつもどおり」に過ごせないと強い不安を感じる

感覚過敏と感覚鈍麻

感覚が鋭すぎたり鈍すぎたりする

診断基準には含まれていませんが、しばしば自閉スペクトラム症の人には、視覚、聴覚、味覚、痛覚などさまざまな感覚に偏りが見られます。たとえば、視覚が過敏だと「白い紙に書かれた黒い文字」のコントラストがきつく感じ、文字が読みづらくなります。

聴覚過敏をうまく伝えられずにイライラしやすくなることも

感覚鈍麻で温度を感じにくいと、季節外れの服装で周囲を驚かせることも

個人に合わせた介入法を考える

自閉スペクトラム症を根本的に治療する方法は残念ながら確立されていません。しかし、療育や環境調整などの支援によって、苦手なことへの対処方法を身につけることができ、症状の緩和や負担の軽減が期待できます。

支援法のひとつである「TEACCHプログラム」は世界的に普及しています。同プログラムは、自閉スペクトラム症当事者の考え方・世界を理解し、その特性に合わせた包括的支援を行うことで自立と共存を目指します。

また、親の関わり方も重要なため、ペアレント・トレーニング（PT）の一種である「PCIT（親子相互交流療法）」という支援法もあります。親子の交流を別室からカウンセラーが観察し、状況に応じて親に適切な接し方を指示します。交流方法を改善させることで、癇癪や攻撃的行為などが見られる場合に有効と考えられています。

ほかにも、当事者の行動を環境と個人の相互作用から理解し、環境の変化によって行動変容を目指す「ABA（応用行動分析）」、対人関係を円滑にするためのスキルを身につける「SST（ソーシャルスキルトレーニング）」、自分の心の状態を気づかせて他者の言動を理解する力を養う「メンタライゼーション」など、年齢や重症度、目立つ特性に応じてさまざまな介入方法があります。

ただし、自閉スペクトラム症の特性のみに捕われないように注意しましょう。なぜなら**併存症が多いため、注意欠如・多動症／注意欠如・多動性障害（56ページ）や限局性学習症／限局性学習障害（66ページ）などの特性を持っていることもあるからです。**診断名に固執せず、一人ひとりにしっかりと向き合い、何に困っているのか、何が苦手なのかを見極め、その人に合った適切なサポートを考えることが大切です。

自閉スペクトラム症とのかかわり方・支援

具体的な言葉で伝える

曖昧な表現が理解できなかったり、字義的に受け止めてしまいます。何らかの指示を出すときは、短い言葉で具体的にゆっくりと伝えるように心掛けましょう。

要求の意思を確認する

受け身型で「いや」や「やめて」などの要求を口に出せないタイプの子どもには、代弁してあげることも必要です。会話で黙っているときは、間を置いて意思を確認しましょう。

視覚情報を活用する

自閉スペクトラム症の子どもは視覚情報の理解が得意なことが多いです。口頭で伝えるよりも、文字やイラストを用いると、安心して物事に取り組めるようになります。

パニックを起こしても冷静に

何らかの理由で不安を抱えてパニックを起こしたときは、静かな場所に連れて行き、落ち着くまで待ちます。叱らず、落ち着けたことを褒めてあげましょう。

興味の幅を広げる工夫を

特定の玩具にこだわって同じ遊びを繰り返している場合は、ほかの遊びにも誘う声掛けを行います。強制は厳禁ですが、少しでも興味の幅を広げてあげる機会を設けましょう。

適切な療育・支援法を考える

自閉スペクトラム症の特性を緩和する療育・支援法は数多くあります。年齢や特性、目立つ特性に応じて、その子に合った適切な支援法を考えるようにしましょう。

公認心理師のアドバイス

生活に支障をきたすかどうか「こだわり」の捉え方が大切

自閉スペクトラム症の場合、自分の思い通りに物事を行うといった「こだわり」が問題視されることがあります。ときには、それが日常生活や社会生活に支障をきたす場合があります。

ただ本人にとっては、自分の記憶を再現しようと思っているだけのこともあります。また、自分が好きなやり方を行いたいときもあるでしょう。大人にも、さまざまな「こだわり」があります。人間には「こだわる」という特性があり、許容範囲かどうかを考える必要があります。

第2章

集団生活が苦手で孤立しやすい
注意欠如・多動症／注意欠如・多動性障害（ADHD）

成長とともに特性の目立ち方が変わる

注意欠如・多動症／注意欠如・多動性障害は、英名Attention-Deficit Hyperactivity Disorderの頭文字からＡＤＨＤと呼称されることが多いです。

主な特性は、忘れ物が多かったり集中できなかったりする「不注意（注意欠如）」、じっとしていられない「多動性」、考えるよりも先に動く「衝動性」の3つです。

目立つ特性によって2つのタイプに分類され、不注意が目立つタイプは「不注意優勢型」、多動性や衝動性が目立つタイプは「多動・衝動性優勢型」と呼ばれます。

幼児期は多動性や衝動性が目立ち、「元気な子ども」という印象を受けます。しかし、学齢期に入ると不注意による忘れ物、多動性による席に座っていられないといった行動が増えていきます。度を越えると、学校生活に適応することが難しくなり、周囲から浮いてしまうケースも少なくありません。

注意欠如・多動症の子どもは学齢期（6～15歳）で3～9％程度と言われ、年齢を重ねるにつれて問題視される特性が弱まっていくことも多いです。ただし、**成人にも2～2.5％確認されていて、大人の注意欠如・多動症は自身の失敗を強く認識できる分、不安症や依存症などの二次障害を招くことが多いようです。**

注意欠如・多動症の主な特性

主な特性は 不注意・多動性・衝動性 の3つ

不注意の特性

忘れ物が多く、集中力が続かない

- ■物を何度もなくしたり、置き場所を忘れてしまう
- ■片づけられず、やりっぱなしが多い
- ■外からの刺激ですぐに気がそれてしまう
- ■脱字や単純な計算ミスをしやすい　……など

多動性の特性

じっとしていられない

- ■授業中でも座っていられずに歩き回ってしまう
- ■気になることがあると、そちらに歩き出す
- ■一方的に話してしまう
- ■話の内容がころころ変わりやすい　……など

衝動性の特性

考える前に行動してしまう

- ■長い間、順番を待つことが苦手
- ■気になった物はさわらずにはいられない
- ■知っていることは口に出さないと気が済まない
- ■感情や欲求のコントロールが苦手　……など

必ずしも3つの特性すべてが同時に現れるわけではない
ADHDは目立つ特性によって2タイプに分けられる

不注意優勢型

忘れ物が多かったり、集中が続かずに学習が遅れたりします。また、整理整頓も苦手で、部屋を片づけることができません。男性よりも女性に多く見られる特性です。

多動・衝動性優勢型

女性よりも男性に多く見られる特性です。多動性が目立つと落ち着きがなくじっとしていられず、衝動性が目立つと感情のコントロールが苦手になります。

肯定的に受け入れる環境が大事

じっとしていられない、一方的に話してしまうなど集団行動が苦手な特性が目立つため、注意欠如・多動症は子どもの頃から褒められる機会よりも叱られる機会が多いです。この結果、自己評価が低くなりやすく、成長するにつれて意図的に人間関係を避けるようになってしまいます。注意欠如・多動症の特性は周囲の影響で変化しやすいという特徴があり、肯定的に受け入れてもらえる状況では、特性が目立たなくなることが確認されています。このため、周囲が注意欠如・多動症を理解し、適切な対応・支援とともに彼らを受け入れる環境を整えることが大切です。

注意欠如・多動症の治療は、環境への介入、行動への介入などを組み合わせて行います。

環境への介入では、自室や教室の装飾・掲示物を減らし、余計な刺激を減らすことによって集中を乱さないようにする物理的介入や、勉強時間を10～15分などの最小単位に区切る時間的介入が有効です。

一方、行動への介入では、保護者を対象とした心理教育（18ページ）とペアレント・トレーニング（PT）が重要です。まずは過剰な叱責を控えて適切な注意をする方法や、自己肯定感を高める褒め方などを学びます。注意欠如・多動症の子どもに対しては、好ましい行動には報酬を与え、好ましくない行動には報酬を与えないなどの対応を実践し、少しずつ好ましい行動を増やしていくといった試みが行われます。

また、対人関係をうまく行うための技能を身につけるSST（ソーシャルスキルトレーニング）や認知行動療法なども行われます。

このほか、遊びを通じて子どもの気持ちを表現させるプレイセラピーや、多動性・衝動性の特性を緩和する薬物療法などを併用することもあります。

注意欠如・多動症とのかかわり方・支援

不注意に対する支援

■忘れ物をしないよう、繰り返し一緒に確認する
■おもちゃを出していいゾーンや整理するための大きな箱を用意して、片づけのルールをつくる
■装飾が少ない静かなスペースを確保して外部からの刺激を少なくする　……など

注意欠如・多動症による不注意は「気をつけなさい」と伝えても解決しません。具体的にひとつずつ指示したり、持ち物は一緒に確認したりする必要があります。

多動性に対する支援

■作業時間を短く設定して小休止を挟む
■「プリント配り」など授業中でも体を動かせるような役割を与える
■多動を抑えられたときはすぐに褒めてあげる
……など

同じ姿勢を保ち続けることが難しい場合があるので、小休止を挟んで体を動かせる時間を設けてあげることが大切。我慢できたときは必ず褒め、肯定感を高めましょう。

衝動性に対する支援

■おおらかな心で接する
■場面に応じた正しい行動を伝え、本人にルールを思い出すきっかけを与える
■好ましくない行動の代わりに、問題解決できる行動を一緒に考えて提案する　……など

感情を制御できずに癇癪を起こすことがあります。頭ごなしに叱らず、落ち着かせてから話を聞き、共感しつつも解決法を一緒に考えてあげましょう。

公認心理師のアドバイス

「過集中」が仕事や勉強に活かされれば素晴らしい結果をもたらすことも

注意欠如・多動症の子どもは、好きなことに集中しすぎる「過集中」が見られることがあります。まわりと一緒に行動できないことが問題視されますが、過集中は勉強や研究などには必要な能力ともされ、思いもよらない発想・発見などにつながると考えられています。育児するうえで、こちらの呼びかけや提案に興味を示してくれないことは大変ですが、彼らの特性を理解し、好きな物を見つけてあげましょう。将来、その好きな物に関係した仕事を選ぶことによって、特性がいかんなく発揮されるケースもあるかもしれません。

第2章

本人の意思とは無関係に繰り返される
チック症群／チック障害群（TD）

特性が1年以上続くことも

チック症群／チック障害群（TD）は、まばたきや咳払いなどの行為が一定期間、繰り返し続く特性です。**一見すると単なる癖のように思えますが、本人の意思とは関係なく発生してしまうため、止めたくても止められません。**

チック症群は、言語や発声を行う音声チックと、頭や手などが動く運動チックに分けられるほか、行為の持続時間による単純チックと複雑チックにも分けられます。

たとえば単純音声チックは咳払いが代表的ですが、複雑音声チックになると汚い言葉や卑猥な言葉を繰り返すこともあり、周囲を驚かせるばかりか強く叱責されてしまうケースも珍しくありません。また、運動チックではまばたきならば日常生活に大きな支障はありませんが、手を動かすチックが発生した場合、字を書くことが困難になることもあります。

多くの場合、一時的な発生でおさまり、持続期間が1年未満の場合は「暫定的チック」と診断されます。しかし、なかには1年以上続くことがあります。この場合、運動チックか音声チックの片方が続くならば「持続性チック」、両方ならば「トゥレット症」と呼ばれます。

チック症群はほかの特性を併存していることも多く、そのなかでもADHD（56ページ）や強迫性障害が代表的です。

チック症群の主な特性

	単純チック	複雑チック
音声チック	■咳払い ■鼻すすり ■「あっ」などの単音 ■動物のような叫び声 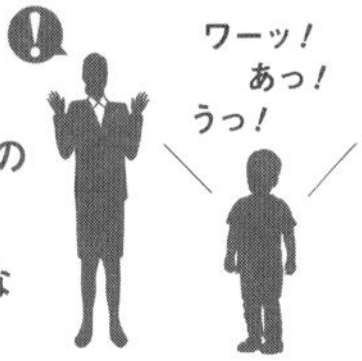	■汚言（コプロラリア） →不謹慎・卑猥な言葉を言う ■反響言語（エコラリア） →他人の言葉を繰り返す ■反復言語（パリラリア） →自分の話した音声や単語を繰り返す 
運動チック	■まばたき ■顔しかめ ■首振り ■肩すくめ 	■顔の表情を変える ■他人に触る ■飛び跳ねる ■腕を振る ■唾を吐く 

特性の持続期間によって3つのタイプに分かれる

音声チックまたは運動チックの持続期間が1年未満の場合
→ **暫定的チック**

音声チックまたは運動チックの片方だけが1年以上続いている場合
→ **持続性（慢性）チック**

1種類以上の音声チックと複数の運動チックの両方が1年以上続いている場合
→ **トゥレット症**

音声チック
咳払い、叫び声、汚言、反復言語……など

トゥレット症

運動チック
顔しかめ、首振り、飛び跳ねる……など

1年未満でおさまれば **暫定的チック**

片方の特性が1年以上続くと **持続性チック**

両方の特性が1年以上続くと **トゥレット症**

周囲の理解と環境調整が欠かせない

チック症群は幼少期に発生しやすく、10代前半に特性が強くなりますが、大人になるにつれて目立たなくなっていきます。しかし、大人になっても持続するケースもあり、人によって経過はさまざまと言えます。

幼少期で軽度の暫定的チックの場合、治療をせずに経過を観察することが多いです。ただし、チック症群は極度の緊張や強いストレスで発生・悪化することがあるため、心理教育（18ページ）や環境調整を行うことも大事です。

特に、当事者・保護者・学校などに対し、特性への理解を求めることは不可欠です。意図的な行為ではないため、親や教師から「ふざけるのはやめなさい」などと叱責されれば、強いストレスとなるため逆効果です。行為について直接的な指摘をしないように周知させ、ストレスを減らす環境を整えることが重要です。

なお、ストレスで発生すると説明しましたが、**基礎となるのはあくまでも脳機能の特性です。しばしば親の過度な躾が原因と誤解されることもありますが、それは誤りです。支援する家族が誤解で苦しんだり、育児放棄などに発展することがないよう、周囲も含めて正しい心理教育が求められます。**

持続性チックやトゥレット症など、特性が長く続く場合は、当事者にかかる負担も大きいです。二次障害（78ページ）としてうつ病（98ページ）や不安症／不安障害（１０２ページ）を発症することもあるため、こちらのケアについても考える必要があるでしょう。

このほか、重度のトゥレット症に対しては薬物療法が行われることがあります。また、習慣逆転法（ハビット・リバーサル）という行動療法で特性の緩和を狙う方法もありますが、今のところ日本ではあまり普及していないため、一般的な治療法ではありません。

チック症とトゥレット症の経過

4〜6歳

特性が現れやすい時期

10〜12歳

特性が強くなりやすい時期

青年期

この時期から特性は目立たなくなっていくが、ときには特性が強まっていくケースも

子どものチック症は10人に1〜2人 決して珍しくない特性

トゥレット症は1000人に3〜8人

親の躾や本人の性格とは無関係

チック症群は本人の意思とは関係なく発生してしまいます。悪ふざけだと誤解されることも多く、本人にとって非常につらく苦しい特性です。家族をはじめ周囲の理解や協力を得ることが大切です。

公認心理師のアドバイス

「わざとではない」という周囲の理解が必要

チックは多くの子どもや大人に見られるもので、特別なものではありません。チック症にはさまざまなものがあります。子どもたちの集団の場では、ある子にチックが出ると、ほかの子にも同じチックが見られるようになることもあります。

チックが長く続く「トゥレット症」では、運動性チック、音声チックなど多彩な症状が示されます。本人にとって、目立つこともあり悩みが深まります。周囲の人たちは「わざとやっているのではない」ということ理解し、受け入れたうえで対応する必要があります。

繊細だと言われる子どもたち

イヤーマフをつける子

先日、ある保育園に伺ったときのことです。給食の時間だったのですが、男の子がイヤーマフをつけて食事をしていました。どうしてイヤーマフをつけているのかと先生に聞くと、本人がつけたがるとのこと。よく聞いてみると「気が散りやすいので、つけると落ち着いて食べられる」との話でした。年齢を聞くと4歳でした。

この子のほかにも、各クラスにイヤーマフをつけたがる子たちが数名ずついるとのこと。どうしてそうなったのかと聞いたところ、昨年まで自閉的な傾向がみられ音に過敏な子がいたから。その子がイヤーマフをつけていて、まわりの子たちが興味を持ったというのが理由なようです。興味を持った子のなかで、少数ではありながら、音の遮断が気に入った子たちが出たので、そういう子たちの要望に合わせてイヤーマフを用意したようです。

その効果については、はっきりとはしていないようでした。ただ、音に過敏な子には好評とのことです。この保育園では、昼食後の短い時間ですが、事務所を一部、子どもたちに開放しています。事務所はうるさくないので、子どもたちのなかには、事務所を好む子もいるそうです。静かなほうが、落ち着いて遊べるようだとの話でした。

感受性が強い「ＨＳＰ」

ＨＳＰ（ハイリー・センシティブ・パーソン）は、とても感受性が強い人のことです。音やにおいなどの感覚が鋭敏で、普通以上に強く感じてしまいます。このために、生活に支障をきたすこともあり、人口の5人にひとり程度の割合で存在するとされています。イヤーマフをつける子、友だちとではなくひとりで遊びたがる子は、音や人の動きに過敏に反応するのかもしれません。

今の子どもたちの住環境は、おおむね静かだと思います。兄弟姉妹の数は多くなく、ひとりのこともあるでしょう。そうだとしたら家のなかは静けさに満ちているかもしれません。だとすれば、保育園などの人が集まる場所はうるさすぎと感じる可能性はあります。子どもが集まれば、互いに興奮して元気のよい笑い声や動きが生まれることでしょう。ただ、現在の子どもの風景は、必ずしもそうではないようです。

選択的注意

子どもは成長するにつれて、まわりからの刺激に影響されず、自分の関心、興味のあるものに集中する力を身につけていきます。こういう力を、「選択的注意」と言います。この力が身につかないと、注意力散漫で、持続力も弱くなります。子ども同士の触れ合いが、選択的注意の力を伸ばす面もあるでしょう。イヤーマフをつけていた子がどうなるのか、見ていきたいと思います。

第2章

一部の学習技能を獲得しにくい

限局性学習症／限局性学習障害（SLD）・学習障害（LD）

「努力不足」だと誤解されやすい

限局性学習症／限局性学習障害（SLD）とは、知的能力障害（48ページ）などの知的発達に問題がないにもかかわらず、基本的な学習能力に著しい困難が見られる特性です。

しばしば学習障害（LD）とも呼ばれ、医学的定義と教育的定義では違いがあります。医学的定義では「読むこと（読字障害）・書くこと（書字表出障害）・計算すること（算数障害）」に限定されていますが、教育的定義では、この3種類に加えて「聞くこと・話すこと・推論すること」が含まれます。これらの能力のうち、ひとつだけが苦手な場合もあれば、複数が苦手な場合もあります。

限局性学習症は、学習する機会を通じて初めて発覚するため、幼児期においては日常生活に大きな支障が見られず気づかれにくい特性と言えます。就学後、学年が上がるにつれて目立つようになり、一部の教科において授業についていくことが難しくなっていきます。

特定の学習だけが苦手であることから、しばしば「努力不足」と誤解されがちです。しかし、限局性学習症は脳機能による特性であり、学習の遅れは子ども本人に責任はありません。どれだけ勉強をがんばっても思うように効果が得られず、自信を失ったり傷ついたりしてしまうことが少なくありません。

「読むこと・書くこと・計算すること」が苦手

読字障害（ディスレクシア）

■文字の識別に時間がかかって、一字ずつ読む「拾い読み」になる
■読んでいる箇所がわからなくなり、行を飛ばしたり、同じ所を読んだりする
■「は」と「ほ」などの似た文字を読み間違える
■書かれている単語の意味を把握することが難しい
……など

日常会話は流暢ですが、教科書などに書かれた文字を読むことが苦手。文字の識別や単語・文章のまとまりを瞬時に識別できず、内容の理解が困難となります。

書字表出障害（ディスグラフィア）

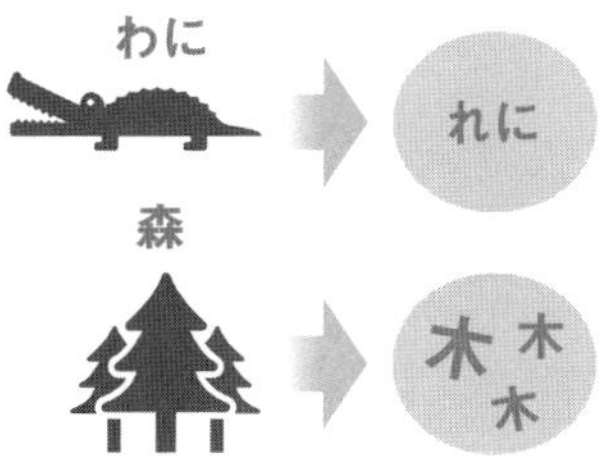

■「わ」と「れ」などの似た文字を書き間違える
■左右が反転した鏡文字を書いてしまう
■文字のバランスや配置が上手にできない
■文法の誤りが多い
……など

文字を形作る能力や空間把握などが苦手なため、頭に想起した文字を正しく書けなかったり、見た文字を上手に書き写せなかったりします。

算数障害（ディスカリキュリア）

■数を正確に数えられない
■計算はできるが、文章問題になると解答できない
■グラフが読み取れない
■推論が苦手
……など

数の順序や計算など算数にかかわる能力が苦手。暗算はできるが筆算ができない、目盛りの数字がない部分を読み取れないなど、苦手な能力によって偏りが見られます。

家庭と教育現場の両面から支援

限局性学習症の子どもと接するうえで大事なのは、周囲の大人たちの「やればできる」という安易な認識を改めることです。苦手な勉強法を繰り返しても学習効果は得られません。かえって自信を失い、不登校や抑うつなどの二次障害（78ページ）を招く恐れもあります。

だからこそ、**子どもがどのような困難を抱えているかを明確にしたうえで、その特性に合った支援・工夫を考え、前向きに学習できる環境を整えていくことが大切です。**

たとえば読字障害ならば、文字の形を認識しやすいＵＤ（ユニバーサルデザイン）フォントの教材を用いる、「はなが／きれいに／さいた」といった具合にまとまりごとにスラッシュやスペースを設ける、などの支援で読みやすくなることがあります。また算数障害ならば、2桁以上の計算で混乱しないように桁ごとに数字の色を分ける、複雑な計算が増える高学年からは電卓を使用するなどの方法もあります。

こうした支援を行う際、家庭だけでなく教育現場の理解も必要です。このため、限局性学習症の子どもは、通常学級で学ぶこともできますが、特別支援学級で学ぶこともできます。ほかにも、通常学級に在籍しながら、週に数時間だけ個別や小集団で授業を行う通級指導教室のサポートを受けるという方法もあります。いずれの場合においても、教師や教育支援員に対する研修、親への心理教育（18ページ）を行い、学習しやすい環境を整えていきます。

一方、**子どもに対しては、できることや得意なことを活かして苦手を補っていく長所活用型の指導を行います。**限局性学習症の子どもは学習における成功体験が少ないので、手の届くことから少しずつ進めるスモールステップで学習を積み重ねるなど、褒めながら伸ばすことによって学習の意欲を高めます。

限局性学習症とのかかわり方・支援の一例

子どもが苦手な部分を見つける

「やればできる」「もっと勉強しなさい」などと子どもを責めるのはNG。特定の教科に遅れが見られたら、そのなかに苦手なことが含まれているからです。適切な環境を整えるため、苦手な部分に早く気づけるように目を向けてあげましょう。

その子に合った教材を使う

音読が苦手ならば、読む範囲だけに集中できるように上下左右の文字を隠したシートを用意する、文字のバランスが苦手ならば、大きなマス目のノートを用意するなど、特性に合わせた教材を使うことで学習時の集中力が途切れにくくなります。

親も正しい文法を心掛けて話す

話すことが苦手な子どもには、まず周囲の大人たちが正しい話し方で接するように心掛けます。子どもの話し方を否定せず、正しい文法や語順で言い直すなど、話し方のルールを理解させていくことによって主語が抜けるなどの問題が目立たなくなります。

公認心理師のアドバイス

勉強の意欲を削がないように支援していくことがポイント

人の能力には多様性があり、人によって得手不得手が違います。限局性学習症は、その多様な人間の姿を示すものとも言えます。

多様な能力は子ども時代だけではなく、その後成長するにつれて発揮されることもあります。何か苦手なことがあったとしても、ほかの何かに秀でている可能性もあります。その可能性を潰さないようにするため、勉強（学ぶこと）に苦手意識を持たせないよう支援することがポイントです。できないことをばかりではなく、人間を大きく、幅広く見ることが大切です。

第2章

対人関係に問題を抱える特性

コミュニケーション症群／コミュニケーション障害群（CD）

言葉を扱うときに困難が生じる

コミュニケーション症群／コミュニケーション障害群（CD）は、言語、会話、社会的なコミュニケーションが苦手な特性です。近年、若い世代を中心に「コミュ障」という略称が浸透しています。しかし、**この「コミュ障」は単純に人間関係が苦手なことを意味する俗語として使用されていて、発達障害におけるコミュニケーション症群とは根本的に異なります。**

コミュニケーション症群の特性は、左図のとおり5つに分類されています。言語の習得が困難な「言語症／言語障害」、言葉の発声が困難な「語音症／語音障害」、言葉がなめらかに出ない「小児期発症流暢症／小児期発症流暢障害（吃音）」、社会的状況に合わせた意思疎通が困難な「社会的（語用論的）コミュニケーション症／社会的（語用論的）コミュニケーション障害」、それ以外に該当する「特定不能のコミュニケーション症群／特定不能のコミュニケーション障害群」です。

語音症や小児期発症流暢症は、言語能力そのものは正常にもかかわらず、いざ話そうとすると相手にうまく伝えられません。

からかわれることを恐れ、周囲とのコミュニケーションを諦めた結果、あらゆる意欲が低下して学業不振に陥ることもあります。成長するにつれて自然と特性が改善されるケースも多い

コミュニケーション症群の5分類

特性：言語・会話・コミュニケーションに困難が生じる特性で5つに分類される

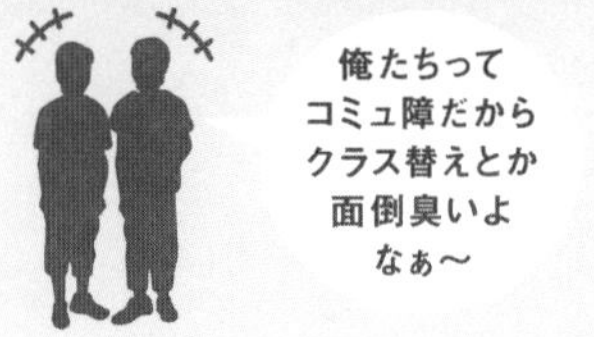

！ 俗語の「コミュ障」とは根本的に異なる！

言語症／言語障害

■**語彙・構文・話法などの習得と使用に持続的な困難がある**

同年代と比べ、話す・書く・手話などに用いるための言語の習得が著しく苦手です。遺伝性の原因が多く、家族も言語症を有していることがあります。

使える語彙が少ない
言い回しのパターンが少ない
文章の組み立てが苦手　……など

語音症／語音障害

■**言語能力は正常だが、言葉を正しく発声することが困難**

同年代と比べて言葉の音（語音）を明瞭に発生することが著しく苦手です。言語能力は正常ですが、語音症の人が話す内容を理解することはほとんどできません。

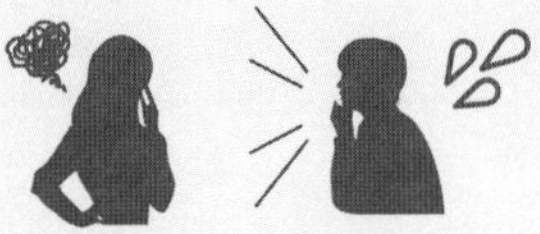

小児期発症流暢症／小児期発症流暢障害（吃音）

■**話し始めるときや会話中に言葉がなめらかに出ない**

連発	伸発	難発
音声や音節を繰り返す	子音や母音の音声が伸びる	無言状態・音声がつっかかる
こ、こ、こんにちは	こーーーーんにちは	…………こんにちは

社会的（語用論的）コミュニケーション症／社会的（語用論的）コミュニケーション障害

■**会話能力は十分にあるが、社会的状況に応じたコミュニケーションが困難**

①社会生活を送るうえで適切なコミュニケーションが困難（挨拶をする／情報を共有するなど）
②状況や相手に合わせたコミュニケーションが困難（友人と先生で話し方を変えるなど）
③会話の社会的なルールに従うことが困難（相づちを打つ／誤解されたときに別の言葉で言い換えるなど）
④曖昧な言葉や状況に応じて複数の意味を持つ言葉の解釈が困難（慣用句／ユーモア／暗喩など）

特定不能のコミュニケーション症群／特定不能のコミュニケーション障害群

■**上記の特性には当てはまらないが、日常生活におけるコミュニケーションが困難**

■**診断基準に満たないものの、上記であげた特性の多くが見られる場合**

のですが、社会に出てからも対人関係に対する不安が長引いてしまいます。

話し方を否定しない

コミュニケーション症群はそれぞれ特性が異なるため、ひと括りにせず特性に応じた支援を考えることが大切です。

たとえば、小児期発症流暢症の子どもには、リラックスして話せるような接し方を心掛けます。早口で話し掛けると、相手も「同じテンポで話したほうがいいのかな」と焦ってしまいます。ゆっくりと間をとって話し掛けましょう。

ただし、相手に対して「落ち着いて話せばいいよ」などの声掛けは逆効果になることがあるので要注意です。かえって緊張して声が出なくなるケースもあるので、言葉が出るまで待ちましょう。こうした環境調整を家庭内で行うほか、周囲や学校にも小児期発症流暢症の特性を理解してもらうことが大切です。

ほかにも、言語症と語音症に対しては、言語聴覚士による言語療法によって症状の改善が期待できることがあります。また、家族療法によって言語の発達をサポートする環境を整える方法もあります。社会的（語用論的）コミュニケーション症の子どもは、曖昧な表現を理解することが苦手で、言葉を文字どおりに受け取ってしまうことがあります。慣用句や冗談などは避け、具体的な言葉を選びましょう。

なお、いずれの特性に対しても共通している対処法は、面と向かって否定しないことです。思ったとおりに話すことができないもどかしさは、誰よりも本人が一番強く感じています。がんばって伝えようとしているのに否定されると、自己評価が下がり、コミュニケーションをとろうとする意欲を奪ってしまいます。

彼らの言動で何か問題が起きたときは、どのような点が問題だったのか、理由をわかりやすく伝えるようにしましょう。

コミュニケーション症群とのかかわり方・支援

言語症

会話が苦手な特性のため、周囲から孤立してしまう可能性があります。周囲に理解を求めるほか、当事者の心のケアも行いながら社会に出て行くためのサポートが必要です。

語音症

7～8歳頃になると、正確に話せるようになることが多いです。ただし、この年代を過ぎても特性が続く場合は、言語療法などの適切な治療が必要となります。

小児期発症流暢症（吃音）

緊張やストレスが強くなると特性が出やすいので、リラックスした環境を整えてあげましょう。過剰な指摘やからかいなどをしないよう、学校や周囲に理解を求めます。

社会的（語用論的）コミュニケーション症

SST（ソーシャルスキルトレーニング）などの行動療法により、社会生活を送るためのスキル習得を目指します。また、言語症やADHDなどの併存を確認しましょう。

自閉スペクトラム症の社会的コミュニケーション障害とは異なる

社会的（語用論的）コミュニケーション症は自閉スペクトラム症の社会的コミュニケーション障害と似ていますが、別の特性として区別されています。なお、ほかにも意思疎通が困難な精神障害が複数あるため、診断時に見分ける必要があります。

CDとは異なる主な疾患

聴覚障害	場面緘黙《かんもく》症	薬の副作用
知的発達症	構音障害	
トゥレット症	社会不安症	

公認心理師のアドバイス

筆談や機械音声など苦手な能力を補うための手段を探す

言葉を用いた会話には「言葉を聞き取って理解すること」と「言葉を使って相手と意思疎通を行うこと」というふたつの面があります。コミュニケーション症群は、ふたつの面のどちらか、あるいは両方に問題がある場合があります。

ただし、意思疎通は一般的な会話のみではありません。文字、点字、機械音声など、さまざまなコミュニケーション手段が認められています。あるひとつの能力に問題があっても、補う手段を探しましょう。また、聞き手は「言葉の正確さ」ではなく、彼らが「伝えたい内容」を受け止めるつもりで話を聞くことも大切です。

第2章

極端な不器用・自傷行為・反社会的行為……

その他の症状

「単なる不器用」とは異なる？

これまで紹介してきた特性以外にも、子どもの頃に発生しやすい特性として発達性協調運動症／発達性協調運動障害（DCD）や常同運動症／常同運動障害（SMD）があげられます。

発達性強調運動症は年齢や知能に反して協調運動が苦手な特性です。協調運動とは、たとえば縄跳びのような「手で縄を回し、タイミングを合わせて足で飛び跳ねる」といった具合に、別々に動く機能を連動させて、ひとつの行為にまとめる運動のことです。同年代の子どもたちと比較して**著しく協調運動が苦手な場合、「単なる不器用」ではなく発達性協調運動症の可能性があります。**ただし、子ども時代は成長の差が激しく、運動の得意・不得意は単純な成長の差によるものかもしれません。特性か否か、慎重な診断が求められます。

一方、常同運動症とは、常同行動（目的のない行動を繰り返すこと）にかかわる特性です。**常同行動の種類は小さな動きから大きな動きまでさまざまで、その運動内容によっては特に問題視されないこともあります。**

しかし、なかには他者を巻き込んだり、自傷行為に発展したりすることがあります。こうした常同行動が見られる場合、日常生活や社会生活に大きな支障が出るため、適切な治療・介入が必要となります。

発達性協調運動症／発達性協調運動障害（DCD）

特性：**個々の身体機能に問題はないのに協調運動が著しく苦手**

協調運動＝複数の動作を連動させて円滑な運動を行うこと

■指先を使うことが苦手

- ●鉛筆やハサミなどの文具・道具をうまく扱えない
- ●よく物を落とす
- ●ボタンがうまくはめられない
- ●靴紐がうまく結べない　……など

■体を動かすことが苦手

- ●歩き方・走り方がぎこちない
- ●障害物がないのによく転ぶ
- ●体操やお遊戯が苦手
- ●ボールがうまく投げられない　……など

かかわり方・支援の例

■苦手を克服することにこだわらず、便利グッズを活用する

■ほかの子どもと比較せず、純粋に体を動かすことを楽しめるような機会をつくる

発達性協調運動症への介入は、作業療法が中心です。子どもの場合、遊びなどを通じて楽しみながら協調運動を支援します。また、特性が周知されていないため、周囲への理解や当事者の心のケアも必要です。

常同運動症／常同運動障害（SMD）

特性：**何かに駆り立てられるように目的のない行動を繰り返す**

- ●腕を振り続ける　●手をヒラヒラさせる
- ●手のひらの閉じ開きを繰り返す
- ●頭や上半身を前後に揺らす
- ●ピョンピョンと跳ね続ける
- ●その場で回転する　●同じ場所をうろうろする　……など

！自傷行為を伴うこともある

- ●自分の指や唇を噛む　●壁に頭を打ちつける
- ●自分の頬を叩く　●自分の目を突こうとする　……など

かかわり方・支援の例

■別の行動に置き換える

自傷などの避けたい行動が見られる場合、緩衝材（プチプチ）を渡してプチプチを潰す行為に置き換えさせるなどの方法があります。

■行動の指示や条件をつける

常同運動症への介入では、心理療法のひとつである行動療法が行われます。観察や面接を通じて問題となる常同行動を明確にしたうえで、見本となる好ましい行動を見せてまねさせることにより、正しい行動を習得させます。

発症年齢が早いと症状が悪化しやすい

　ほかにも、注意したい精神疾患として行為障害（CD）があります。**行為障害とは、反社会的、攻撃的な行動などを何度も繰り返すことで、素行症／素行障害とも呼ばれます。**

　左図でも紹介している「他人や動物への攻撃」「物の破壊」「嘘や窃盗」「ルール違反」の4パターンに分けられ、これらの症状が繰り返されると行為障害の疑いがあります。発症年齢によって2タイプに分かれ、10歳未満の場合は小児期発症型、10歳以上の場合は青年期発症型に分類されます。発症当初は嘘や悪口などの軽度の問題行動が続きますが、症状が長引くにつれて残酷性や反社会性が強まっていきます。

　青年期発症型は症状が軽いことが多く、成人するまでに治りやすい傾向があります。一方、小児期発症型も約3分の2が成人までに治るとされていますが、発症時期が早ければ早いほど問題行動が長引き、法的なトラブルを起こしやすくなる恐れがあります。なお、注意欠如・多動症／注意欠如・多動性障害（56ページ）で衝動性が目立つタイプは、行為障害を併存していることが多いとされています。注意欠如・多動症には悪口や暴力などを行う反抗挑戦性障害という二次障害（78ページ）がありますが、この障害が悪化することで行為障害を引き起こす可能性が考えられます。

　行為障害の治療法は、本人に対する行動療法（SSTなど）と保護者に対する心理教育（18ページ）やペアレント・トレーニング（PT）が実施されます。ただし、**治療前には保護者自身に問題がないかを必ず確認しなくてはいけません。なぜなら、行為障害の環境要因としてネグレクトや過剰な躾など、家庭環境の問題が考えられる可能性があるからです。**こうした場合、当事者を家族から離し、適切な環境で保護するなどの方法がとられることもあります。

行為障害（CD）・素行症／素行障害

特性：反抗的・反社会的・攻撃的な行為を6カ月以上繰り返す

■他人や動物を攻撃する

●他人・大人に対する口調が悪い
●いじめ、脅迫、威嚇的な行動をとる
●頻繁にケンカをする
●バットやナイフなどの凶器を使う
●動物に対して残虐な行為をする　……など

■物を破壊する

●他人の所有物を壊す
●車や建物の窓を割る
●放火する　……など

■嘘をつく・物を盗む

●繰り返し嘘をつく
●他人の敷地に無断で侵入する
●他人の物やお店の商品を盗む　……など

■ルールを破る

●授業をサボる
●学校を無断で休む
●校則を破る
●門限の時間に帰らない
●家出をする　……など

かかわり方・支援の例

■個別にペアレント・トレーニングを実施する

行為障害の当事者に対しては、社会性スキルを身につけるSST（ソーシャルスキルトレーニング）が実施され、保護者に対してはペアレント・トレーニング（PT）によって当事者との対応を習得させます。

公認心理師のアドバイス

発達性協調運動症では運動を嫌いにさせない工夫を

発達性協調運動症で大切なのは、体を動かすことを嫌いにならないように工夫してあげることです。ほかの子どもとは比べず、本人のペースで上達した部分を評価してあげましょう。また、家族でサッカーや野球を観戦するなど、「見て楽しむ」ことによって運動に対する興味を抱かせることも期待できます。

一方、行為障害は家庭環境が原因となることもあります。反抗的な言動は、愛情を求める裏返しかもしれません。家族は家庭環境とともに、子どものサインを見逃さないように注意しましょう。

第2章

周囲の理解が不足すると新たな精神障害が発現

発達障害と二次障害

しばしば発達障害の子どもは、成長していく過程で新たな精神疾患を発症することがあり、これを二次障害と呼びます。

内在化障害と外在化障害

発達障害は、その特性から周囲に受け入れられず、心に傷を負う機会が少なくありません。「周囲ができていることが自分にはできない」という劣等感、「集団生活になじめない」という孤独感など、さまざまな困りごとが重なり、**精神的に追い詰められた結果、精神疾患の発症という形で現れるのです。**

二次障害は、大きく内在化障害と外在化障害に分けることができます。内在化障害は、自身が抱く葛藤が自分自身に向けて現れる症状です。対人恐怖、引きこもり、心身症、不安障害（102ページ）、うつ病（98ページ）、双極性障害（94ページ）など、その症状は多岐にわたります。一方、外在化障害は精神的な葛藤が他者に向けられます。暴力、家出、反社会的行為などがあげられ、76ページで紹介した行為障害や反抗挑発症／反抗挑戦性障害も外在化障害です。発達障害を持つすべての子どもに二次障害が出るわけではありません。しかし、早ければ幼児期から癇癪や暴言などの症状が現れます。**発達障害の早期療育は二次障害予防にもつながるため、適切な支援のもと、注意深く観察する必要があります。**

発達障害だからこそなりうる二次障害

発達障害（先天的）

■自閉スペクトラム症（ASD）
■注意欠如・多動症（ADHD）
■限局性学習症（SLD）……など

問題行動で孤立して情緒面が不安定に

ライフステージによって発症しやすい二次障害は異なります。幼児期・学童早期は暴言・癇癪・固執などの不適応行動が目立ちます。結果、周囲から孤立するようになった学童後期・思春期には自尊心の低下、無力感など情緒面が不安定になりやすくなります。

逆境的体験

虐待　貧困　いじめ　孤立

環境が整っていないと心の傷が増えていく

発達障害の子どもに対して適切な支援が行われなかったり、家庭環境に恵まれなかったりすると、つらい体験を味わう恐れも。

ただし、逆境的体験を乗り越えて成熟し、高い人格傾向を獲得するきっかけになるケースもある。

二次障害（後天的）

発達障害（先天的）

■自閉スペクトラム症（ASD）
■注意欠如・多動症（ADHD）
■限局性学習症（SLD）……など

不登校　引きこもり　非行
睡眠障害　うつ病　不安障害
てんかん　依存症
行為障害　反抗挑戦性障害

現れる精神障害は人によってさまざま

劣等感、孤独感、やり場のない怒りなど、あらゆる困りごとを抱え続けた結果、精神疾患の発症という形で二次障害があらわれる。

二次障害は子どもからのSOS

二次障害を発症する要因は環境

発達障害の二次障害は、失敗や挫折を何度も繰り返した末に発症することが多いです。

たとえばADHDの多動性には「長時間、席に座っていられない」という特性があります。授業中に落ち着きなく動き回り、先生に叱られ、それでも特性を抑えることができずに動き回り、再び叱られる。学校から連絡を受けた親にも叱られ、何とか頑張ろうとしても、やはり我慢できずに動き回ってしまう……。こうした悪循環を繰り返すなかで心は疲弊し、傷ついていき、精神疾患を発症してしまうのです。

このケースで注意したいのは「発達障害が二次障害を招いたわけではない」ということです。**二次障害を引き起こしたのは、発達障害の特性ではなく、特性を理解しない周囲の環境です。**

二次障害を防ぐためには、適切な環境づくりが不可欠です。具体的には、人的環境（親・教師など）と物的環境（家・学校など）というふたつの環境と当事者である子どもの相互関係に目を向け、子どもの負担を軽減するための環境調整を行うことが重要です。

適切な環境づくりは、本章の各特性の支援において何度も触れてきました。周囲の理解を得て、特性に合わせた環境を整えていくことは、発達障害の特性を緩和するだけでなく、二次障害の予防にもつながるのです。発達障害と同じく、二次障害も早期発見が大事です。特に幼児期などに気づき、特性に合った環境を用意できれば、長期的予後に特性を和らげる効果や、心理と情緒の発達を促す効果が期待できます。

なお、二次障害を発症した場合は、症状に応じた治療を行います。うつ病や不安障害など、代表的な精神疾患の治療法は3章で説明していますが、**二次障害の治療は要因となる環境面や対人関係です。二次障害の症状だけでなく、発達障害の特性にも目を向ける必要があります。**

二次障害を防ぐための環境づくりが大切

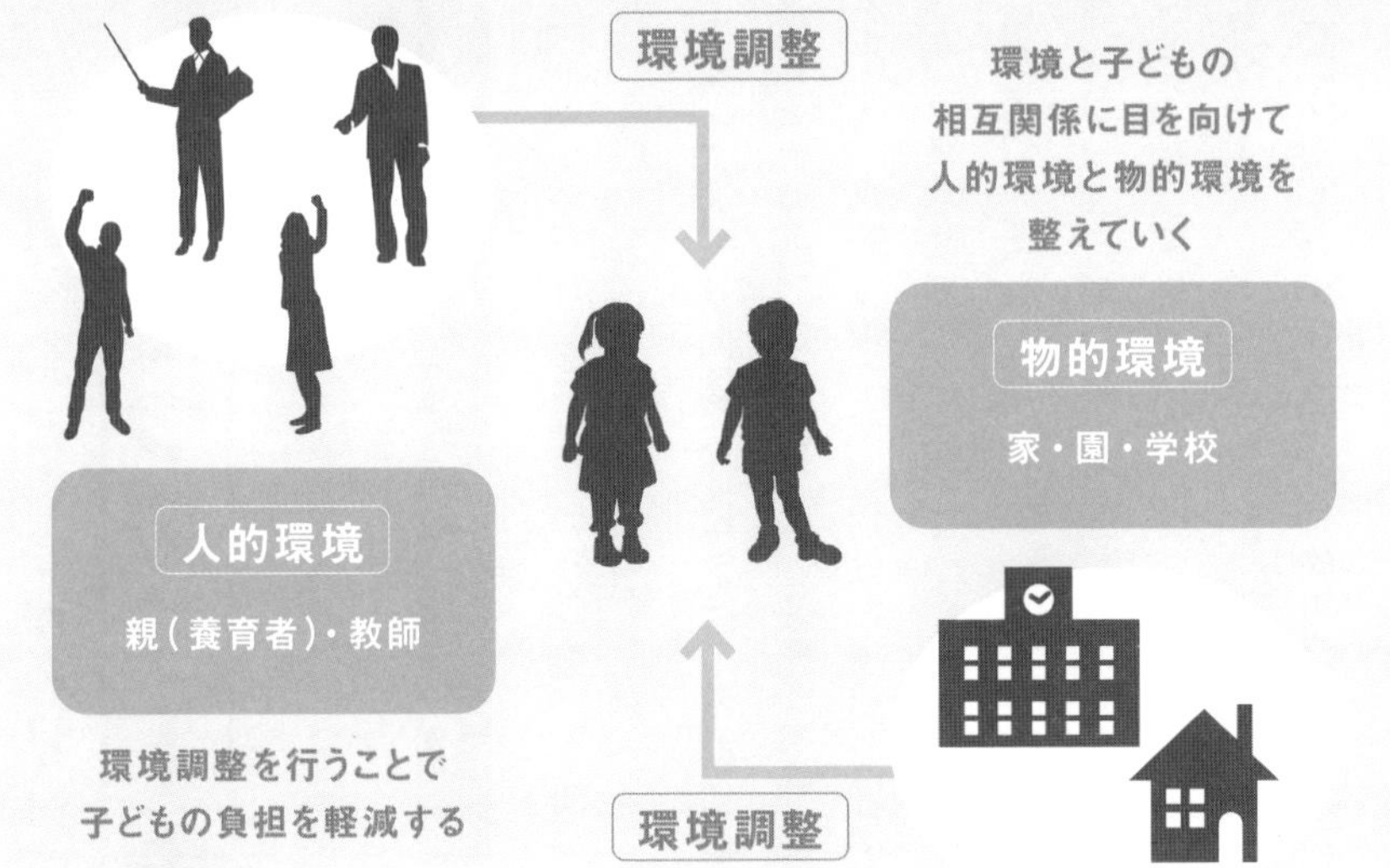

包括的な取り組みが重要

発達障害を持つ子どもへの支援や二次障害の予防は、当事者を取り巻く環境を包括的に整えることが重要です。人的環境（親・教師など）、物的環境（家・学校など）が連携し、当事者である子どもとの相互作用のなかで環境調整を行っていきます。

大人になって初めて発達障害だったと発覚することも

人間関係の複雑化で特性が表面化

発達障害に気づかれないまま成長した結果、社会に出てから精神疾患を発症し、診断を受けて初めて発達障害だったと気がつくケースも珍しくありません。理由は人によって異なりますが、特性が軽度だった、周囲の環境に恵まれたなどが考えられます。しかし、社会人になると人間関係が複雑になり、より高度な社会的スキルが求められます。こうした状況下で、それまで落ち着いていた特性が目立ちはじめ、生活に支障をきたすことがあるようです。

第2章

発達障害ともかかわりが深い脳機能

ふたつのワーキングメモリ

情報を一時的に保管&処理する

近年、ワーキングメモリという脳機能が注目を集めています。

ワーキングメモリとは、作業を行うために必要な情報を一時的に脳で保管し、処理する機能のことです。短期記憶を発展させた認知心理学の概念で、日本語では作業記憶や作動記憶などと呼ばれています。

ワーキングメモリには「言語性ワーキングメモリ」と「視空間性ワーキングメモリ」の2種類があります。

言語性ワーキングメモリは音声情報を処理する機能で、情報を「心の言葉」で操作しています（音声ループ）。この機能が優れている人は、**聞き取った多くの情報をメモを取らずに記憶でき、頭のなかだけで分析することが可能です。**たとえば道順を覚えるとしたら「玄関を出たら右に進み～」といった具合に、ルートを言葉で記憶・操作しながら目的地を目指します。

一方、視空間性ワーキングメモリは視覚情報を処理する機能で、情報を「心のイメージ」で操作しています（視空間スケッチ帳）。この機能が優れている人は、**言葉よりもイラストや記号で情報を記憶・分析することが得意です。**道順を覚える場合は、地図や目印となる場所をイメージとして記憶・操作しながら目的地へと進んでいくことができます。

言語性メモリと視空間性メモリ

ワーキングメモリとは？

一時的に記憶して、頭のなかで考えるときに使われる記憶のこと。一般的に、ワーキングメモリの容量は年齢とともに増えていく。

ワーキングメモリは「言語性」と「視空間性」のふたつがある

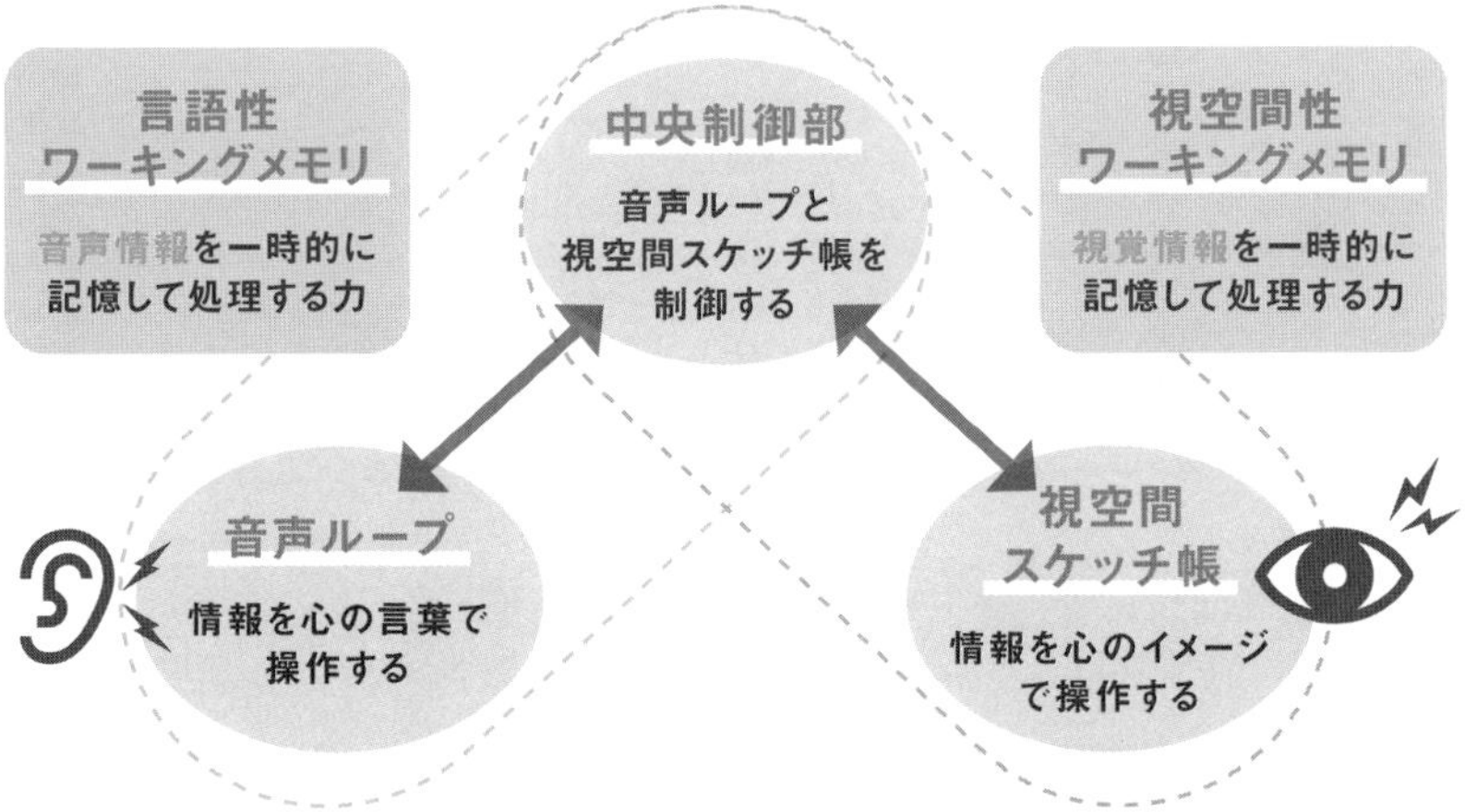

道順を覚える場合

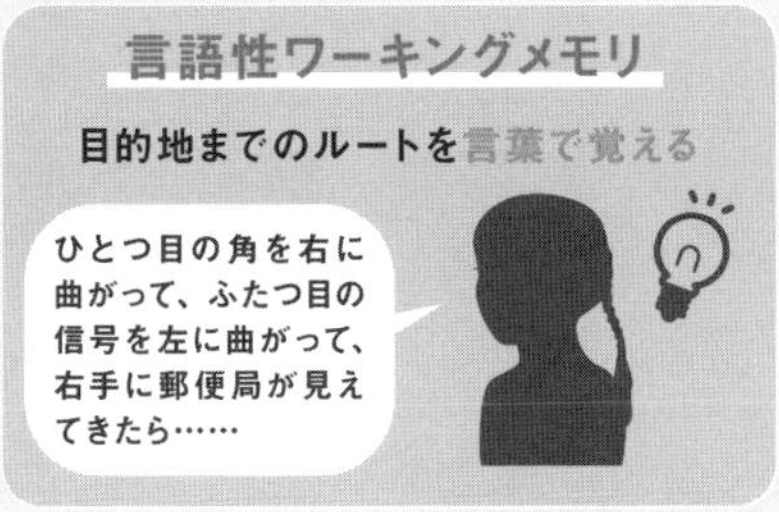

覚えにくい場合は 言語性と視空間性、
両方のワーキングメモリ を使うと記憶しやすい

発達障害とワーキングメモリの関係

普段、私たちが不自由なく会話できるのは、ワーキングメモリのおかげです。相手の言葉を一時的に保管して理解することで、適切な返答を導き出しているのです。

ところが、発達障害の子どものワーキングメモリは、処理能力が遅滞しやすい傾向にあると考えられています。

言語性ワーキングメモリの処理が遅ければ、音声情報を上手に理解できず、見当違いの返答をしたり、忘れ物が増えたりしてしまいます。視空間性ワーキングメモリの処理が遅ければ、アナログ時計を見てもすぐに何時かわからなかったり、体操やダンスなどの動きを覚えるのが難しかったりしてしまいます。

また、**発達障害の子どもは同年代に比べてメモリの容量が少ない可能性も指摘されています。そのうえ、処理能力が遅滞すると、不要な情報を選別して削除する能力も低下します。**そうなれば、メモリはすぐに情報で埋め尽くされ、容量不足に陥ってしまいます。

ワーキングメモリの容量が不足すると、新しい情報を受け入れることができません。周囲から見ると「言うことを聞かない人」「反応が煮え切らない人」などの印象に映り、人間関係のトラブルを招く恐れもあります。

発達障害の人を支援していくうえで、ワーキングメモリに対する配慮は欠かせません。処理が苦手であること、容量が少ないことを十分に理解したうえで、想定される困難を洗い出し、サポートしていく必要があります。

たとえば、複数の指示を同時に出すと、いずれかの指示を忘れてしまう可能性が考えられます。この場合、指示を出す際はひとつずつ出したり、チェックリストを用意したりするなどの対応が求められます。

メモリが不足すると学習に影響が出る

3つの内容を理解できるようになるのは7歳頃

ワーキングメモリは年齢とともに増えていき、一度にふたつのことを覚えられるのは４歳頃、３つを覚えられるのは７歳頃とされています。複数を記憶できるようになることで、物事の段取りを組めるようになります。

ワーキングメモリが不足するとどうなる?

言語性ワーキングメモリ 弱

忘れ物が多い、音読が苦手、作文が苦手、順序立てて説明することが苦手……など

視空間性ワーキングメモリ 弱

字を書くことが苦手、暗算が苦手、目の前で見たことを伝えることが苦手……など

発達障害や知的能力障害のある人は、言語性ワーキングメモリと視空間性ワーキングメモリの両方を用いて伝えると記憶に残りやすいとされています。何か指示を出すときは、口頭だけでなく一緒に写真やイラストなどの視覚情報を与えながら説明するようにしましょう。

子どもは必ず変化する

子どもは変わる、成長する

赤ちゃんで生まれた子どもは、徐々に大きくなっていきます。つまり、子どもは成長、変化していく存在なのです。たとえ風邪をひいてしまっても、大半は自然とよくなっていくでしょう。そういう意味でも、子どもはひとつのところにとどまっていません。もちろん、子どものなかには、病気のために自分で成長しにくい子どももいるでしょう。しかし大半の子どもは、同じところにとどまってはいないのです。

子どもはよく絵を描きます。その内容は年齢とともに変化を見せていきます。明らかに成長が見て取れる貴重な瞬間ともいえるでしょう。絵の成長からは、子どもの物の見え方、捉え方が変わっていくことがわかります。運動する子どもを見るのも同様です。1歳の子どもは、2歳になれば違う動きを見せる。5歳、8歳、10歳と年齢を重ねていくにつれ、さらに、動きの内容は秀逸なものになっていくのです。

診断はその「瞬間」を切り取ったもの

変わらないままでいる子どもはいません。成長、発達の姿を見せながら変化していきます。まわりの大人たちは、子どもの成長を予測し、それを喜んでいきます。子どもの成長は周囲の人たちを幸せにしてくれる存在なのです。

ただ残念なことに、発達障害とひとたび診断されてしまうと、「障害児」という見方で理解されてしまうことが少なくありません。幼児期に下された診断が成長したあとも、固定的についてまわってしまうのです。「～症候群」だから、「～といった特徴がある」というように表現されてしまいます。子どもの頃に診断された病名が、いつまでも残り、レッテルのようになってしまうのが現状なのです。

虫歯のような病気でしたら、状態に応じて「C2です」などと判断され、その数字により、治療方針が具体的にイメージされていきます。この判断から、状態の悪化が防止され、治癒が予見されていきます。同じような観点で考えれば、専門家には現在の姿から将来を予測する力が求められるでしょう。しかし、発達障害については、将来の子どもの姿が明確にされることは少ないのです。そのためか、自分のマイナスの状態のみが表現されてしまったままになるため、子どもや青年は、自分を肯定的に見ることが難しくなってしまいます。

「診断」が押し付けにならないように

最近の看護の世界では、ヘルスヒューマニティーズという考えが示されています。その考えでは、病気が「疾患」ではなく「経験」として捉えられています。経験と理解することで、苦悩だけではない、自分なりに乗り越える気持ちが生まれてくるとされているのです。幼児期に、発達障害の特徴を示した子どもは、体験によって変化していきます。状態が悪くなった、というのは環境によるものが多いと言わざるをえません。かかわりの偏りが、状態の悪化をもたらしていきます。これは発達障害のせいではなく、育ち方に問題があるといえるでしょう。

病は、精神的、身体的に弱った状態と考えられています。病名を告げられるときに、弱者への刻印がなされるようなものです。そういう意味では、発達障害の診断の問題は、弱者への押し付けともいえるでしょう。診断名を押し付けられてしまうと、弱者の認識が固まりやすくなってしまいます。最近になって、ようやく発達障害が才能と捉えられることが、見られるようになってきました。それでも特異な才能ある姿がピックアップされるのは一部であり、偏った見方を変えるには至っていないのです。

専門家は、子どもを型枠にはめて診る

診断名をつけることで、専門家は子どもを型枠にはめて理解しようとしていきます。けれど子どもは、大人が理解できないようなことを話し、行動するものです。騒がしいし、落ち着かないのが本性です。そういった気に障ることをする子どもについて、大人はよくわからないから「発達障害」と名付けたいのかもしれません。もちろん子どもは、小さな大人ではありません。さまざまな体験を積みながら、大人になるための成長を重ねている存在です。欠けた部分もあって当然なのです。

もちろん、「障害」といえる状態の子どもはいます。特別な配慮が必要であり、子どもの状態にあわせて、適切な対応が必要です。ただし、人間を適切に区分するのは難しい。人によって、区分けの仕方は変わってしまいます。

人の違いを見つけ出し、対応を変えていくのは至難の業とは思いますが、分け方にはあいまいさは許されないでしょう。特に、医療分野では「誤診の問題」がつきまといます。誤診によっては一生の道筋に影響を受けてしまうため、おろそかにはできないのです。

適切な診断を基に、困っていることを軽減し、治癒していくことが医療の役目です。実際には困ってもいなければ、自然に成長し、目立たなくなる部分に注目しすぎるのは本人にとっては害しかありません。

ある青年は、幼児期から発達障害と診断されました。知的には問題はないとされ、通常の教育を受けてきました。ただ、適切な教育を受けたとは言い切れず、自分のこだわりなどは残ってしまったため、障害者の枠で仕事をしています。そんな彼は映画が大好きで、週に2～3度は映画館に通うほど。好きな映画のジャンルは多様で、話を聞くとややマニアックな会話が続くことがあります。映画をよく理解し、それに熱中する姿は「こだわり」と見られ、「発達障害だから」と偏見を持たれています。彼の映画に対する愛情が、病気の診断からストレートに理解されずにいるのは残念なことではないでしょうか。

第3章

大人が抱えやすい心の問題

第3章

思考や行動がまとまらない
統合失調症（SZ）

日常生活・社会生活が困難に

統合失調症は、考えがまとまりづらくなる精神疾患です。「統合」とは脳のさまざまな働きをひとつにまとめる能力で、この能力のバランスが崩れてしまいます。

代表的な症状は、幻覚と妄想が現れる「陽性症状」です。誰もいないのに悪口が聞こえてきたり、ありえないことを事実だと信じて疑わなかったりと、言動に明確な症状が出るため、周囲も気がつきやすいです。一方、感情表現が乏しくなったり、行動意欲が低下したりするのが「陰性症状」です。

このほか、認知機能が低下する「認知機能障害」という症状もありますが、統合失調症では、主に陽性症状と陰性症状のふたつが認められます。ただし、しばしば陽性症状がほとんど現れないケースもあるようです。**陰性症状だけが目立ってしまうと、症状の類似したうつ病（98ページ）との区別が難しくなります。統合失調症とうつ病は治療法が異なるため、慎重な鑑別が求められます。**

厚生労働省によれば、日本の統合失調症患者数は約80万人で、有病率は約0・6％。主に10代後半から30代半ばで発症することが多いです。

発症の原因は明らかになっていませんが、関連要因として脳内におけるドーパミンの過剰分泌があげられています。

統合失調症の症状

陽性症状

統合失調症の特徴的な症状は幻覚と妄想が現れる陽性症状

幻覚

現実にないものが、あたかも存在するように感じてしまう症状

幻覚でもっとも多く見られるのは、命令する声や悪口を言っている声が聞こえる幻聴です。このほか、あるはずのないものが見える幻視、不快な臭いや味を感じる幻臭・幻味などの症状が現れます。

妄想

根拠のない誤った内容を信じ、周囲に訂正されても受け入れられない症状

「誰かに監視（盗撮、盗聴）されている」と信じ込む被害妄想や、「テレビやラジオで自分のことが話題になっている」と信じ込む関係妄想などが現れ、客観的な判断ができなくなります。

陰性症状

意欲が低下したり、感情表現が乏しくなったりする

喜怒哀楽の表現が上手にできない／仕事や勉強に対する気力が出ない／趣味に対する関心がなくなる／社会性が低下して引きこもりがちになる／入浴や着替えなど、身だしなみに対して無頓着になる……など

感情の乏しい「感情鈍麻」という症状が現れるほか、あらゆる物事に対して関心・意欲が低下します。人間関係もわずらわしくなり、自室に引きこもりがちになります。

認知機能障害

集中力、記憶力、判断力などの知的能力が低下してしまう

周囲の話し声や照明の光などが気になり、やるべき作業に集中できない／新しい仕事の手順を記憶できない／マルチタスクをこなせない／整理整頓ができない／何をしようとしていたのか忘れてしまう……など

認知機能が低下すると、物事を処理できなくなります。勉強・仕事・人間関係など、生活全般に大きな支障が出るため、この症状が強く出てしまうと社会復帰に時間がかかります。

症状と長く付き合うための支援

代表的な症状が幻覚と妄想であるため、発症している本人は自分が統合失調症だと気づきにくい傾向があります。家族をはじめ、周囲による早期発見が大切です。

統合失調症の治療法は、薬物療法と心理社会的療法の併用が基本です。薬物療法では、抗精神病薬によって陽性症状を改善することができます。しかし、あくまでも対症療法であり、根本的な治癒は望めません。個人差があるため一概には言えませんが、統合失調症は回復に長い期間を要します。

薬によって陽性症状がおさまると、陰性症状や認知機能障害が現れます。これらの症状を安定させるため、また社会生活機能を回復させるために有効なのが、心理社会的療法です。

心理社会的療法は、精神療法・心理教育・リハビリテーションによる3つのアプローチで行われます。症状の安定具合に応じて、適切な療法を用いて支援します。

また「ＣＢＴｐ（統合失調症のための認知行動療法）」も有効です。同療法では、自分で陽性症状に気づくセルフモニタリング機能を高めるなど、病気と上手に付き合う方法を学びます。

統合失調症の支援は、当事者の気持ちを理解することが大切です。陽性症状でも陰性症状でもコミュニケーションがとりづらいため、孤独感やもどかしさなどから別の精神疾患を併発してしまうことがあります。このため、当事者の心のケアはもちろん、家族に対する心理教育も欠かせません。

かつて重度の統合失調症の治療では、長期間の入院生活を強いられることが珍しくありませんでした。しかし、現在は地域で過ごす生活を重視し、多職種からなる専門家チームが訪問支援する「ＡＣＴ（包括型地域生活支援プログラム）」も少しずつ広がっています。

統合失調症の治療

薬物療法と心理社会的療法の組み合わせが大事

薬物療法

抗精神病薬で症状を抑える

抗精神病薬には、ドーパミンの働きを抑える作用があり、主に陽性症状を改善する効果が期待できます。

心理社会的療法

精神療法や心理教育などを行う

精神療法、心理教育、リハビリテーションを通じて、病気との付き合い方を学びながら社会復帰を目指します。

心理社会的療法

精神療法：支持的精神療法や集団精神療法で症状の改善を行う

心理教育：患者・家族に対して病気や治療の知識を教える

リハビリテーション：SSTや作業療法などで社会・生活技能の回復を図る

精神療法では、カウンセリングの一種である支持的精神療法、適切な行動を学ぶ認知行動療法、同じ悩みを抱える患者たちと話し合う集団精神療法などが行われます。リハビリテーションでは、社会・生活技能の回復を目指すためのSST（ソーシャルスキルトレーニング）や作業療法のほか、パソコンの専用ソフトによって認知機能の回復を目指すアプローチなどが行われます。

公認心理師のアドバイス

人が幻想や幻覚を見る原因はわかっていない

人の脳の働きはとても複雑です。現実を適切に認識する「見当識（日付や現在の時刻、場所や周囲の状況などを把握し、理解する能力）」という働きがある一方で、夢のなかで不思議な世界を見ることもあります。

昔から、人が幻想や幻覚などを見ることは知られていました。このため、人は神話や物語の世界を尊重し、信じてきました。なぜ人の脳が幻想や幻覚を見るのか、原因はわかっていませんが、統合失調症の治療では薬物療法や心理的アプローチが行われています。

第3章

「気分の波」が大きく激しくなり生活に支障をきたす

双極性障害（BD）

気分の高揚と落ち込みを繰り返す

双極性障害は、気分が高揚し活動的になる「躁状態」と気分が落ち込んで無気力になる「うつ状態」を繰り返す心の病気です。かつては、躁状態とうつ状態を繰り返すことから「躁うつ病」と呼ばれていましたが、現在は両極端な精神状態になることから双極性障害と呼ばれています。

気分が高揚し活動的になる躁状態のなかには、程度の軽いものもあり「軽躁状態」と呼ばれます。また、躁状態とうつ状態が同時に発症しているものを「混合状態」、どちらの症状もない正常な時期を「寛解期」と呼びます。

『DSM－5』による診断基準では、双極性障害には、激しい躁状態と、うつ状態（ないこともある）のある「双極Ⅰ型」と、軽躁状態とうつ状態がある「双極Ⅱ型」の2種類があるとしています。ただし、この診断基準を満たさない場合もあり、特定不能の双極性障害または「気分循環性障害」と分類されることもあります。

双極性障害では、症状がある時期とない時期が交互に見られるのが特徴で、症状は数週間から3～6カ月間続きます。**症状がなくなってから次の症状が現れるまでの期間をサイクルといい、その長さは患者によってさまざまです。**また、躁状態とうつ状態が交互に入れ替わるケースは少なく、ほとんどの場合、どちらか一方の症状に偏ります。

双極性障害のふたつの症状

躁状態の特徴

- 気分が高揚する
- 怒りやすくなる
- 睡眠時間の減少、無睡眠
- 口数が多くなる
- アイデアが次々に浮かぶ
- 過度に行動的になる
- 過大な自己評価、万能感
- 買い物やギャンブルで浪費
- 性的に奔放になる

気分が高揚し極端に活動的になる躁状態

躁状態のときは、本人は最高の精神状態だと思い込んでいるため、自分の行動の異常さを認識できません。そのため、周囲の人間にとっては、自分の行動が迷惑であることがわからずに、そのことを指摘すると怒り出すなどトラブルの原因になります。また浪費によって、金銭的な問題を抱えることもあります。

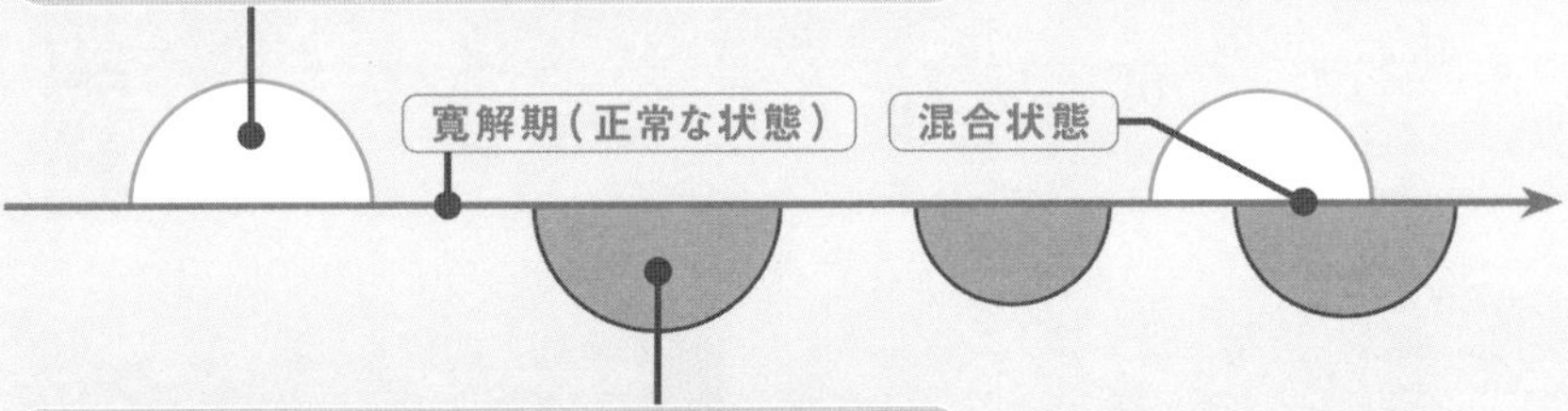

うつ状態の特徴

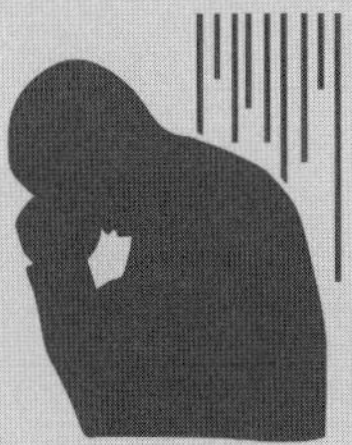

- 気分が落ち込む
- 消極的で元気がない
- 絶望感や孤独感を持つ
- 睡眠時間の増加
- 疲れやすい
- 思考が緩慢になる
- 活動が低下する
- 自己否定
- 死にたくなる

気分が落ち込みすべてに興味がなくなるうつ状態

うつ状態のときは、表情が暗い、反応が遅い、落ち着かないといった外面上の変化が現れるため、周囲の人が気づくことも少なくありません。また、涙もろくなる（突然泣く）、飲酒量が増える、自分のことを責めるといった行動の変化も見られた場合は、うつ状態またはうつ病の可能性も考え、対応を検討しましょう。

双極Ⅰ型障害　激しい躁状態とうつ状態（うつ状態がない場合もあり）

双極Ⅱ型障害　軽い躁状態（軽躁状態）とうつ状態がある

躁状態は本人が気づきにくい

躁状態では、気分が高揚して活動的になり、自信過剰、睡眠時間の減少、口数が多くなる、何にでも興味を持つ、興味が長続きしない、集中力がなくなる、無駄な買い物、ギャンブル、性的に奔放な行動、怒りやすくなるなど、さまざまな行動上の特徴が現れます。しかし、本人は「最高の精神状態にある」と思い込んでいるため、自分の行動の異常性に気がつきません。**その結果、対人関係の問題や周囲との軋轢が生まれ、不当な扱いを受けているといった被害感情を持ってしまいます。**

軽躁状態の場合、ここまでの極端な症状は出ませんが、活力や創造性に満ち溢れるのは同じです。そして、気分がころころ変わり、集中力がなくなり、怒りっぽくなるといった特徴があります。

一方のうつ状態は、気分が落ち込んで活力が低下し、強い悲しみや絶望感、罪悪感などを抱くようになり、思考力が低下し、動作が緩慢になります。そのほか、睡眠時間が長くなり、食欲の増加や減衰、それに伴う体重の増減が起きることがあります。これらは基本的に「うつ病」の症状と似ていますが、**うつ病では少ない幻覚や妄想などを生じることがあります。**

治療を受けさせるための心理教育

双極性障害の治療では、躁状態の患者がしばしば自分が病気だと思っていないという問題が起きます。そのため、**患者自身が病気について正しく理解して受け入れ、適切な治療を受けるようにする「心理教育」がとても重要になります。**そのうえで、「気分安定薬」「抗精神病薬」「抗うつ薬」などによる薬物療法と、「認知行動療法」「家族療法」などの心理療法、「睡眠の安定」「生活リズムの安定」などの社会的療法によって治療します。

双極性障害との関わり方・支援・治療

自分正常だと思っている躁状態の患者に治療を受けさせることが重要

躁状態の患者は、自分が心の病気であるとは感じておらず、治療する気がない場合がほとんどです。そのため、受診をすすめられたことで怒ることも珍しくありません。そこで、不眠や睡眠不足といった身体の問題を理由にするなどうまく説得して、受診させる工夫が必要になります。

心理・社会的療法

- 心理教育
- 認知行動療法
- 睡眠の安定
- 生活リズムの安定

心理教育は、患者に症状を正しく理解させ、病気を受け入れて、治療を受けさせるためのものです。認知行動療法は、うつ状態ではすべてをネガティブに捉えるため、ポジティブに捉えるように訓練します。また、睡眠や生活リズムの乱れは症状を悪化させるため、改善するよう指導します。

薬物療法

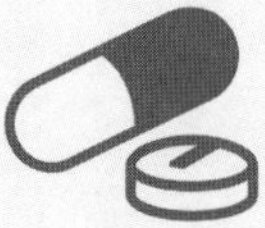

- 気分安定薬
- 抗精神病薬
- 特定の抗うつ薬

薬物治療には、気分安定薬、抗精神病薬、特定の抗うつ薬が用いられます。薬物治療の基本は気分安定薬で、躁状態とうつ状態の治療と予防に効果を発揮します。また抗精神病薬は気分安定薬との併用で躁状態に効果がある薬、特定の抗うつ薬はうつ状態に効果がある薬です。

公認心理師のアドバイス

双極性障害で忘れてはならない家族への理解と心のケア

双極性障害では、躁状態の時は、金銭の浪費や全能感による安易な契約の危険が、うつ状態のときは自殺の危険があるため、家族や周囲の人間がしっかり見守る必要があります。また、ほかの心の問題でも同じですが、クライエント本人だけでなく、家族への理解と配慮を忘れてはなりません。配偶者だけでなく、子どもへの意味がわからない叱りつけ、理由のない拒否や否定などが見られることもあり、配偶者と子どもの心のケアも必要になります。双極性障害の治療には、心理教育や認知行動療法、生活リズム改善といった心理・社会的療法のほか、気分安定薬や抗精神病薬などを用いた薬物治療も有効とされます。

近年増加傾向にある気分障害の代表格

うつ病／大うつ病性障害（ＭＤＤ）

心と身体にさまざまな症状が発生

うつ病／大うつ病性障害（ＭＤＤ）は、「気分障害」という心の病気のひとつです。「世界保健機関（ＷＨＯ）」の２０１７年の調査では、**うつ病患者は世界の全人口の約４・４％にあたる約３億２２００万人いるとされ、日本の調査でも約６％が生涯のうちに一度はうつ病を経験しているという結果があります。そのため、話題になることも多く、誰もが知っている心の病気といえるでしょう。**

うつ病にかかると、ほとんど毎日気分が落ち込み、うれしい、楽しい、悲しいといった感情が喪失してしまいます。そのため、それまで楽しんでいた趣味などに興味がなくなり、楽しめなくなります。また、集中力がなくなり、意欲や気力も低下するほか、絶望感、劣等感、孤独感、無力感、不安感、焦燥感といったネガティブな感情に心が支配されてしまいます。

そして、**うつ病はこうした精神症状だけでなく、眠れなくなる、眠りすぎてしまう、食欲が減る、食欲が増す、性欲がなくなるといった欲求に関する異常や、疲労感、倦怠感、動悸、めまい、頭痛、肩こり、便秘、下痢といった身体的症状も現れるのが特徴です。**

うつ病の症状が重くなると「自殺念慮」といって、「もう死にたい」、「自分には価値がないから死ぬべきだ」などという考えに囚われてし

うつ病の症状

身体的症状

- 不眠、過眠
- 食欲減衰、
  食欲過多
- 性欲減衰
- 勃起不全
- 生理不順
- 不感症
- 疲労感
- 倦怠感
- 動悸、めまい、
  頭痛、肩こり
- 便秘、下痢　など

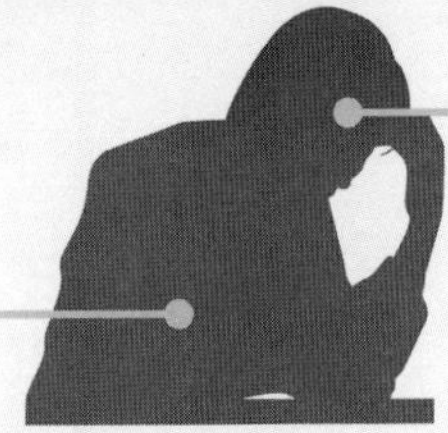

心と身体に現れるうつ病の症状

うつ病の中心症状は、気分の落ち込みや意欲や気力の低下などの精神的な症状ですが、不眠や過眠といった睡眠障害や倦怠感といった身体の症状も同時に起きることがほとんどです。

精神的症状

- 気分が落ち込む
- 感情の喪失
- 集中力低下
- 意欲、気力の低下
- 思考がまとまらない
- 絶望感、劣等感、
  孤独感、無力感、
  不安感、焦燥感
- 行動力の低下
- 口数が少なくなる
- 自殺念慮、自殺企図
- イライラ　など

月経前不快気分障害（PMDD）

月経前に抑うつ症状や不安感、イライラなどの症状が現れる

初潮を迎えた女性であれば、いつでも発症する可能性がある心の病気です。主な症状は、気分の落ち込み、不安、緊張、情緒不安定、怒りっぽくなるといったものです。月経の前にこうした症状が強く現れ、月経が終わると消失します。

持続性抑うつ障害（PDD）

うつ病より軽い抑うつ症状が慢性的に2年以上持続する

持続性抑うつ障害は、気分が落ち込んで何もする気になれない症状が慢性的に2年以上続きます。症状はうつ病に似ていますが、うつ病に比べて症状が軽く、性格の問題などで片付けられてしまうことが少なくありません。

高齢者のうつ病

認知症に似た症状が起きるため診断が難しくなる

高齢者は、家族の死、体の不調、病気などでつらい出来事を経験することが多くなるため、うつ病を発症しやすくなります。また、認知症とうつ病は合併することも多く、認知症の初期段階にうつ症状が現れる場合もあります。

非定型うつ病（AD）

従来のうつ病とは逆の症状が出る新しい形のうつ病

気分の変動が大きく、よい出来事に対しては明るい気分になりますが、夕方から夜にかけて気分が落ち込みやすくなります。また、食欲の増加、過眠といった症状も現れます。患者の多くが20代から30代の女性となっています。

まいます。こうなると大変危険な状態で、米メイヨー・クリニックのボストウィック教授の研究によれば、重度のうつ病患者の生涯自殺率は8・6%もあり、自殺をほのめかしたり、実際に自殺を企てたりした場合は、入院させて監視しながらの治療が必要になります。

脳の感情を司る部分の機能が低下

近年の研究によると、うつ病は精神的・身体的なストレスなどが原因で、脳内の神経細胞の情報伝達にトラブルが生じ、感情や意欲を司る部分に異常が起きてうまく働かなくなってしまうことで引き起こされると考えられています。

脳内では、さまざまな「神経伝達物質」が、神経細胞から神経細胞へと情報を伝達する役割を担っています。そのうちのひとつ「セロトニン」は、喜びや快楽などに関係する「ドパミン」や恐怖や驚きに関係する「ノルアドレナリン」といった神経伝達物質の情報をコントロールし、精神を安定させる働きがあります。こうした、人の感情に関する情報を伝達する物質の機能が、さまざまな要因によって低下することが、うつ病になる原因と考えられています。

発症の原因となる精神的・身体的ストレスとは、家族や恋人、親友といった大切な人との死別や離別、仕事や財産といった大切なものの喪失、職場や家庭での人間関係のトラブル、家庭内のトラブルといったつらい体験や悲しい体験のことです。さらに、こうしたネガティブな体験だけでなく、進学や就職、結婚といった、どちらかといえばポジティブな体験であっても、**環境の変化によるストレスが原因で発症することもあります。**

うつ病は症例が多いため、治療方法が確立しており、ストレスへの対処を学ぶ精神療法のほか、心身の休養、ストレスから離れる環境調整、抗うつ剤による薬物治療が4本柱となっています。

うつ病との関わり方・支援・治療

精神療法

ストレスへの
対処方法を学ぶ

休養

心身の休養を
しっかりとる

環境調整

ストレスから離れた
環境ですごす

薬物治療

抗うつ薬などを
医師の指示で服用

精神療法

認知行動療法：
**物事に対する考え方を改善し
ストレスに対応できる心を作る**

対人関係療法：
**対人関係の問題を解消することで
ストレスを軽減させる**

うつ病の患者は、物事をネガティブに捉えやすいため、それがストレスになってさらに気分が落ち込む原因になります。そこで、物事の捉え方をポジティブに変える訓練をするのが認知行動療法です。また、他者との関わり方に焦点を当て、さまざまな場面での感情や行動、関係性を変化させながら、問題を解決したり、対処法を身につけたりする対人関係療法も、うつ病治療のスタンダードな精神療法のひとつとなっています。

公認心理師のアドバイス

回復には長い時間がかかるため
あせらずゆっくりと治療に専念することが重要

うつ病は、さまざまな原因により起こることが知られていますが、特に心にかかるストレスが病因となることが多いように思われています。いったん、うつ状態になってしまうと、しっかりと回復するまでには長い治療時間が必要になります。そのため、社会復帰するためは、「あせらず、ゆっくりと」治療に取り組むことが基本とされています。メジャーな心の病気のため、うつ病のことを知る人も多く、共通した対応がとられることもありますが、安易な励ましは症状を悪化させるとも言われています。症状が悪化すると自殺を企図することがあるため、周囲の人間には特に慎重な対応が求められます。

第3章

過剰な不安と恐怖が生活に支障をきたす

不安症／不安障害（AD）・パニック症／パニック障害（PD）

不安対象を避ける回避行動が特徴

不安という感情は、危険を回避するために備わっている大切な機能です。しかし、不安症／不安障害（AD）で抱く不安の強さは度を越えていて、日常生活に支障をきたしてしまいます。**ひとたび不安を感じると、自分では制御できないほどの強い恐怖心が押し寄せ、動悸や呼吸困難、めまいなどの症状が現れます。**こうした症状が長引くと、やがて不安を感じる対象そのものを避けようとする回避行動が見られるのも不安症の特徴です。不安症は、不安を感じる対象によって複数に分類されます。人前での否定的評価を恐れる「社交不安症／社会不安障害」、すぐに逃げられないような場所・状況を恐れる「広場恐怖症」など、さまざまな種類があり、「パニック症／パニック障害」や「心的外傷後ストレス障害（PTSD）」（108ページ）も不安障害の一種です。

パニック症は、ある日突然、なんの前触れもなく強い不安感が訪れ、動悸やめまいなどの身体症状とともに「このまま自分は死ぬのではないか」と感じるほどの恐怖を覚えます。この不安発作をパニック発作と呼びます。パニック発作を何度か経験すると、「また発作が起きるのではないか」という予期不安に発展し、最終的には「発作が起きたときに逃げ出せない場所には行きたくない」という広場恐怖に陥ります。

不安症の主な分類

全般性不安障害(GAD)

特定の対象はなく、健康でも「病気になるのでは？」や、家族が外出すると聞いて「事故に遭うのでは？」など、あらゆる活動や物事に激しい不安と恐怖を感じます。

限局性恐怖症(SP)

高所、雷、動物、注射など、特定の状況下や対象物に強い恐怖を感じます。男性よりも女性に多いと言われています。

分離不安症(SAD)

家族などの愛着を抱いている人が離れることに強い不安を感じます。子どもが母親と離れる際に泣き叫ぶなど、小児期に多い症状と考えられていましたが、大人でも発症します。

社交不安症(SAD)

人前が苦手で、スピーチやプレゼンなどを行うことに強い恐怖を感じます。親しくない相手の場合は1対1で会うことにすら抵抗を示し、「対人恐怖」とも呼ばれます。

広場恐怖症

人混みや電車など、すぐに逃げ出せないような特定の状況下に対して強い不安を抱きます。症状が悪化すると外出を恐れるようになるため、「外出恐怖」とも呼ばれます。

パニック症(PD)

パニック発作から始まり、予期不安や広場恐怖の症状が出る

パニック発作
突然、理由もなく
激しい不安と恐怖に襲われる

▼

予期不安
「また発作が起きるのでは？」
という不安が消えない

▼

広場恐怖
発作が起きたときにすぐに
逃げ出せない場所を恐れて避ける

「パニック発作」と呼ばれる激しい恐怖、不安、動悸、息苦しさなどを感じます。公共の場所や電車内などで起きやすい症状です。進行すると発作が起きるペースが早まり、最終的には外出そのものを恐れるようになります。

認知行動療法が有効

不安症・パニック症の原因は、ストレスに対する反応のトラブル、脳機能の問題、遺伝などが考えられていますが、いまだ研究段階で明らかになっていません。

治療は薬物療法と精神療法の組み合わせが有効とされています。

薬物療法では、主に抗うつ薬と抗不安薬が処方されます。不安症・パニック症は、うつ病（98ページ）と同じくセロトニンが関連していると言われ、抗うつ薬でセロトニンを増やして心を落ち着かせる効果を狙います。一方、抗不安薬は即効性があるため、急な不安を抑える際に用いられます。しかし、**薬の種類によっては依存症の副作用があります。薬物依存を避けるためにも長期の服用は控え、万が一に備えて依存症に対するケアが求められます。**

精神療法では、認知行動療法に高い改善効果があります。不安を感じる物事に対し、異なる捉え方をして、適切な認知へと修正させる方法です。ほかにも、曝露療法（エクスポージャー）によって症状の改善を図ります。

また、近年では「CFT（コンパッション・フォーカスト・セラピー）」という新しい認知行動療法も注目されています。コンパッションは、日本語では「慈悲」や「思いやり」などと訳されます。自分や他者の苦しみに気づき、それを取り除こうとする慈悲の心を育むことによって、症状の軽減を図るという療法です。

なお、不安症・パニック症に対する支援は家族にも行います。症状に悩む当事者と一緒に暮らすことで、家族にも不安が伝わってしまう可能性が考えられます。

また、しばしば当事者が家族に対して攻撃的になったり、強い依存を見せたりすることがあります。結果、家族も疲弊してしまうため、関係調整などの手助けをします。

不安症・パニック症の治療

薬物療法と精神療法の併用が基本

不安障害の治療

薬物療法

抗うつ薬や抗不安薬が処方されるほか、症状に応じて睡眠薬などが処方されることがあります。

精神療法

■認知行動療法
■曝露療法
■心理教育

認知行動療法によって、不安を起こす対象への認知のゆがみを正します。曝露療法では、不安症状を起こす状況を意図的に再現し、刺激に慣れるようトレーニングをします。また、全般性不安障害には、過度な緊張を和らげるリラクセーション法が有効です。

パニック症の治療

薬物療法

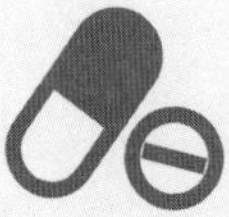

パニック症にも効果が確認されている抗うつ薬のSSRIや、抗不安薬などが処方されます。

精神療法

■認知行動療法
■曝露療法

パニック発作が起きた際の「死ぬかもしれない」という認知のゆがみを認知行動療法によって正します。また、ほかの不安障害と同じく曝露療法を行います。ただし、パニック発作を起こさないように、少しずつ苦手な状況に慣れさせる段階的曝露療法が有効です。

公認心理師のアドバイス

不安を抱きすぎるのも問題だが不安をまったく感じないのも危険

不安・恐怖のない中学生と会ったことがあります。高層階の建物で、隣の家のベランダに移ろうとして補導されました。恐怖を感じないため、危険なことをしても平気です。スピードに対する恐怖心もなく、暴走運転などの危険行為を繰り返します。家族は子どもの将来を心配し、高いところでの仕事ならばやれるだろうと思いました。しかし「危ないことがわからない場合は、働かせることはできない」と断られました。試験の不安もないので、試験勉強もやろうとしません。現在は安全に配慮のある職場で、社会参加を目指しています。

「叱る」のはその一瞬だけの出来事ではない

「嘘をつく」という悪意を感じない人たち

人から頼まれると、「嫌」と言えない子どもや大人がいます。まさかと思うかもしれませんが、駅などで「お金を貸して」と言われると、断り切れずに貸してしまうのです。これはいわゆる「寸借詐欺」という犯罪ですが、被害に遭った人たちはその後も付け狙われることがあり、再度被害に遭ってしまうことがあるようです。

こういった被害に遭いやすい人には、発達障害や知的障害があるというケースがしばしば見られます。被害に遭った彼らと話をしていると、「お金に困っている」という相手の話を全面的に信頼していて、相手の悪意に気づいていませんでした。「嘘をつく」という悪意に気づけないから、まただまされてしまっているのです。

子どもの頃に「嘘をついてはいけない」と叱られた人もいるでしょう。このことが頭のなかにしみ込んでしまったままの人がいるのです。そして、悪意がわからない人は、「人が嘘をつく」ということが理解できません。結果的に言われた話を、そのまま信じてしまうのです。さらに問題なのは、「もしかしたらだまされたかもしれない」と本人が疑わないことです。だまされたまま、真実だと思いながら黙ってしまう。そのため被害が見えないままになる場合があるのです。ちなみに、だまされたことが明らかになるのは、身近な人が疑問を持ち、お金などの被害が判明した場合がほとんどです。

相手を思って「叱る」

だまされたと思っていなければ、本人は自分はいいことをしたと考えていたりします。自分は、困っている人を助けたと思っているのです。そのため、起きた出来事にまわりから一方的に叱られたり、激しく注意されたりすると、叱る相手を悪い人と思ってしまうこともあるのです。これが重なっていくと、注意されるのは叱る相手が悪い人だからだと思い込んでいきます。繰り返し犯罪に遭う人の心理にはこのような構造があるのです。

繰り返しの被害に遭う人に、私たちは叱りつけてしまいがちです。しかし、それで誤解を生む可能性がありますし、不信につながることもあるのです。

一瞬で終わらせず、しっかり話し合う

これは子どもにも同様のことが言えます。だまされた話の事情をよく聞かずに、断罪し罰を与えてしまうと、怒る相手を悪人と思い込んでしまう場合があります。親は子どもがだまされた、悪いことをした、だから激しく躾をしてわからせたと思い、しばらくすれば忘れてしまいます。ところが子どもは自分が「正義」と思っていれば、意味不明に叱られ、罰されたと受け止めてしまうのです。この誤解が積み重なっていけば、当然ですが、親子の間には理解しあえない関係が生まれてしまいます。

子どもの頃の、子と親の「どっちが正義か」はその後の重大な軋轢につながります。子どもの話を聞きながら、誤解させないよう話をしていくことが何よりも大切なのです。

第3章

トラウマ体験による精神的な苦痛が長時間継続

心的外傷後ストレス障害（ＰＴＳＤ）

生命の危険が心に傷を残す

命を脅かされるような出来事、たとえば、大地震や洪水などの大きな自然災害、火事、交通事故、傷害や暴行、戦争といったことを経験すると、それが「トラウマ（心的外傷）」として残ります。これは、こうした出来事が自分の身に起きた場合だけでなく、目撃したり、家族や恋人、友人といった身近な人が経験したりした場合も含まれます。

このような生死に関わるトラウマ体験をした場合、ほとんどの人が不安、不眠、緊張、動悸などの症状に悩まされます。また、トラウマ体験がフラッシュバックしたり、悪夢として見たりしてよみがえったりすることもあります。これが「急性ストレス障害（ＡＳＤ）」と呼ばれるもので、経験した直後から始まり、1カ月程度で沈静化します。ところが、**1カ月以上経過しても、これらの症状が継続し、日常生活に支障をきたすことがあります。これが「心的外傷後ストレス障害（ＰＴＳＤ）」です。**

心的外傷後ストレス障害の症状は、『ＤＳＭ－5』によれば、「侵入症状（再体験症状）」「回避症状」「思考や気分に対する悪影響」「覚醒レベルと反応の変化」という大きく4つに分類できるとされています。

ひとつ目の侵入症状とは、自分の意思とは無関係にトラウマ体験のときの感情がよみがえ

心的外傷後ストレス障害の原因と症状

命の危険を感じる体験

自然災害　火事　事故　暴力　犯罪

大きな地震や地すべり、火事や交通事故など、自分の命に危険がおよぶような恐ろしい体験をすると、その体験が心に傷を負わせます。また、自分自身の体験だけでなく、火災や交通事故の現場を目撃する、家族や恋人、友人など身近な人がこのような体験をしたことを知るといった間接的な体験でも、同様に心の傷が生じることがあります。

心的外傷（トラウマ）が生じる

命に危険がおよぶような恐ろしい事象は「外傷性ストレッサー」と呼ばれ、それによって引き起こされた体験はトラウマ（心的外傷）として、心に傷を残します。

トラウマ体験から1カ月経っても下記の症状が継続

トラウマ体験をしたあとは誰でも心が不安定になり、再体験（フラッシュバック）、感情や感覚の麻痺、うつ症状、不眠といった症状が現れます。通常は１カ月程度で治まるのですが、こうした症状が体験後１カ月以上継続したり、トラウマ体験から数カ月後に発症したりした場合は、心的外傷後ストレス障害と診断されます。

侵入症状（再体験症状）

・トラウマの記憶が鮮明によみがえる
・再体験（フラッシュバック）
・繰り返す悪夢

回避症状

・トラウマを思い出させる場所、人物、物事を避ける
・感情や感覚が麻痺する

思考や気分に対する悪影響

・疎外感、孤独感、うつ症状
・罪悪感を持ってしまう
・幸福感や満足感がなくなる

覚醒レベルと反応の変化

・眠れなくなる
・緊張状態の持続
・危険に対して過度に敏感となる

り、感情が不安定になって取り乱したり、泣き出したりしてしまう症状です。そのほか、突然、生々しく思い出して再体験するフラッシュバックや、同じ悪夢を繰り返し見るといったことも起こりやすくなります。

ふたつ目の回避症状とは、トラウマを思い起こさせる場所や人などを避けるようになる症状です。トラウマ体験について考えたり、話したりすることを避けることもあります。また、つらい記憶から逃れるように、感情や感覚が麻痺することもあります。

3つ目の思考や気分に対する悪影響というのは、うつ症状のほか、トラウマ体験の重要な部分を思い出せなくなる「解離性健忘」、責任を感じ必要以上に自分を責める、罪悪感を持つ、ネガティブな感情しか感じられなくなり幸福感や満足感がなくなるといった症状です。

4つ目の覚醒レベルと反応の変化というのは、睡眠障害や集中力の欠如のほか、突然の物音などのちょっとしたことで驚いたり、危険に対して過度に敏感になったりしてしまう症状です。

このように、心的外傷後ストレス障害というのは、トラウマ体験のつらさが原因で、心が非常に不安定になってしまう病気なのです。

心理療法が治療の中心

心的外傷後ストレス障害の治療は、心理療法が中心となります。なかでも、「持続エクスポージャー療法（PE）」は効果が証明されている療法です。この療法では、**患者にトラウマ体験を話してもらい、それをしっかり治療者が受け止め支えることで、患者が自信を取り戻し、安心を得られるようになります。**

そのほか、「認知処理療法（CPT）」「対人関係療法（IPT）」「眼球運動脱感作療法（EMDR）」も用いられます。いずれの治療法も効果が認められていますので、万が一かかってしまった場合は、迷わず心理療法を受けましょう。

心的外傷後ストレス障害の種類と支援・治療法

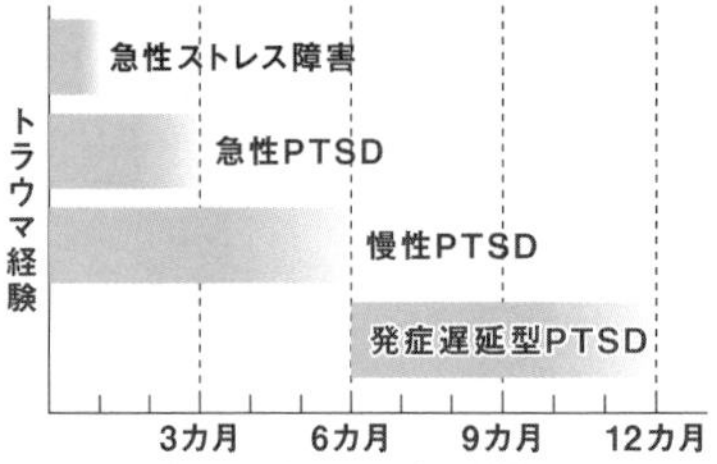

命の危険を感じる体験のあとは誰でもなりうる精神症

トラウマ体験の直後に発症した場合は急性ストレス障害、1カ月以上継続すると急性PTSD、さらに3カ月以上継続すると慢性PTSDと診断されます。また、トラウマ体験から6カ月以上経過したあと突然発症すると発症遅延型PTSDです。

心的外傷後ストレス障害の代表的な心理療法

持続エクスポージャー療法（PE）

患者に想像のなかでトラウマ記憶に立ち戻って話してもらい、それを聞いて受け止めることで、患者に自信と安心感を取り戻す療法です。

認知処理療法（CPT）

患者自身にトラウマ体験を整理してもらい、その原因を考えさせることで、責任の有無や考え方を見直させる療法です。

眼球運動脱感作療法（EMDR）

トラウマ体験のことを考えてもらいながら、眼前で指を一定の速度で動かし、その動きを目で追ってもらうという療法です。

対人関係療法（IPT）

大切な他者と患者との関係に焦点を当て、その間で問題になっていることについて解決したり、対処法を身につけたりさせる療法です。

公認心理師のアドバイス

死に直面する体験をした人は誰でもトラウマを抱える可能性がある

トラウマは誰もが持ちうるものです。死ぬような思いがトラウマの原因となり、頻発する天災などが危険視されています。特に戦争は、子どもへの心的な影響が大きく、強いトラウマの発生が危惧されているもののひとつです。また、天災や事故といったような死の危険を感じる体験ではなくても、トラウマとして残ることがあります。たとえば、発達障害がある子どもの場合、自分の思いを表現できず、大人から過剰に叱られたり、時には体罰を受けたりすることで、それが心理的な後遺症になる場合もあります。トラウマに対しては、一定の効果が認められている複数の心理療法が存在します。

第３章

こころの性とからだの性が一致しない人たち

性別違和（ＧＤ）

自身の性に違和感を覚える症状

性別違和（ＧＤ）とは、個人が自覚している性別と出生時に身体的な特徴によって決められた性別が一致していない状態を指します。この個人が自覚している性を「性自認」「こころの性」、身体的な特徴で決まる性を「生物学的な性」「からだの性」と呼んでいます。

からだの性は、出生時に身体的な特徴と構造から「男」「女」の２種類に分けられます。両者には明確な違いがあり、生物学的に求められる役割も異なります。

一方、こころの性は自分が認識している性別であるため、身体的な特徴で決められる性別とは異なり、性別を決めるのは自分自身です。ほとんどの人は、からだの性とこころの性が一致していますが、一致しない人たちも存在します。それが性別違和にあたる人たちです。**日本における性別違和の割合は、岡山大学の調査研究で、人口の約０・３～１％とされています。**

かつては、「性同一性障害」と呼ばれていましたが、多様性を認める社会を目指す過程で、〝障害〟という言葉はふさわしくないことから性別違和と呼ばれるようになりました。

性別違和にはふたつのパターンがあり、からだの性が男性でこころの性が女性である人を「ＭｔＦ（Male to Female）」と、からだの性が女性でこころの性が男性の人を「ＦｔＭ

性別違和の症状

Female to Male（FtM）

生物学的な性が女性

性の自己意識が男性

子どもの症状

- 自分を男性と思いたがる、または主張する
- 男性の服装や髪形をし、女児服へ強い抵抗を示す
- ごっこ遊びで父親役など男性の役を選ぶ
- 男性の友だちを求める
- 男性らしいとされる玩具やゲームを強く好み、女性らしいものは強く拒む
- 女性器や乳房に嫌悪感を抱く
- 男性らしい性徴を求める

青年・成人の症状

- 性自認と周囲からの扱い、身体に不一致がある
- 女性らしい身体から解放されることを望む
- 男性になりたい、男性として扱われたいと望む

Male to Female（MtF）

生物学的な性が男性

性の自己意識が女性

子どもの症状

- 自分を女性と思いたがる、または主張する
- 女性の服装や髪形、化粧をする
- ごっこ遊びで母親役など女性の役を選ぶ
- 女性の友だちを求める
- 女性らしいとされる玩具やゲームを強く好み、男性らしいものは強く拒む
- 男性器に嫌悪感を抱く
- 女性らしい性徴を求める

青年・成人の症状

- 性自認と周囲からの扱い、身体に不一致がある
- 男性らしい身体から解放されることを望む
- 女性になりたい、女性として扱われたいと望む

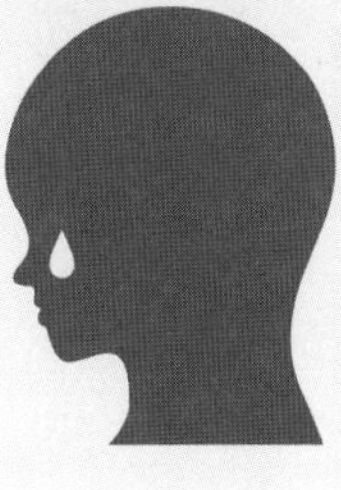

上記の症状によって精神的な苦痛を感じ、社会や学校生活においてさまざまな問題に直面する

性別違和を抱える人たちは、幼少期からこころの性とは反対の性別であるからだの性を基準に服装や髪形、役割を求められます。また、一般社会でも、性別による区分があるトイレ、更衣室、公衆浴場などはからだの性が基準となるため、強い苦痛を覚えます。

(Female to Male)」と呼びます。また、こうした人たちを「トランスジェンダー」と呼んでおり、近年多様な性のあり方を表す概念として、認知されている「LGBTQ+」の「T」にあたる人たちです。

こころとからだの不一致が苦痛を生む

性別違和の症状は、こころの性とからだの性が一致していないため引き起こされるもので、幼少期は服装や遊び、交友関係のすべてにおいて、からだの性とは反対の性との同一性を主張します。また、自身の性器への嫌悪感も抱いています。

青年期以降は、第二次性徴によってからだの性とこころの性との不一致が悪化してしまうため、自分のからだから解放されることを望みます。また、周囲からこころの性に合った扱いを受けたいと望むようになりますが、実際の扱いはからだの性に基づくため、大きなストレスを抱えることになります。性別違和のまま生きることはとても苦しいため、気分が落ち込んで何もする気になれない、不安、イラ立ちなどの心の問題を発症することが少なくありません。

最終的には性別適合手術で治療

性別違和の治療方法は、精神科領域と身体的治療の2種類があります。精神科領域の治療では、カウンセリングによってこころの性に対する共感と支持をすることで、精神的苦痛を和らげます。また、職場や家庭で「カムアウト」した場合のシミュレーションや、自分にとってふさわしい生活を検討させることで、具体的なイメージを持たせ実生活の問題点を洗い出すことも行います。

身体的治療は、第二次性徴の抑制やホルモン療法で身体つきを変化させる方法のほか、性器の切除などを伴う、性別適合手術という選択もあります。

性別違和の治療

精神科領域の治療

- 精神的サポート
- カムアウトの検討
- 実生活の検討
- 精神的安定の確認

精神科領域の治療では、主に苦痛に対する精神的サポートと、こころの性を自分の性別として生きる決断をした際に、どのような影響があるかを検討し、決断をサポートします。

身体的治療

- 二次性徴抑制療法
- ホルモン療法
- 性別適合手術
- 乳房切除（FtMが対象）

身体的治療は、からだの性をこころの性とかけ離れないようにする第二次性徴抑制療法やホルモン療法と、からだの性をこころの性と合致させるための性別適合手術があります。

出典：『性同一性障害に関する診断と治療のガイドライン（第4版改）』日本精神神経学会・性同一性障害に関する委員会

性別違和と混同されやすいもの

異性装

男装や女装など、異性の衣服を着用することで、繰り返し強い性的興奮を得るフェティシズムの一種で、性別違和が原因で異性の服を着る行為とはまったく異なるものです。

同性愛

自分の性と同じ性別の人を性的欲求の対象とすることで、女性の同性愛者を「レズビアン」、一般的に男性の同性愛者を「ゲイ」と呼びます。これも性別違和とは別の性的指向です。

公認心理師のアドバイス

性別違和は必ずしも病気とは言えないが本人は大変な苦痛を伴うことを理解しよう

自分の身体的特徴が、性別の意識と乖離しているということを理由に、性別違和の人が病的な状態であるとはいえません。しかし、性別違和は自身を取り巻く環境と性別の意識との食い違いが起こることで、本人が苦しむのは紛れもない事実です。たとえば、学校の制服、トイレ、浴室など、性別によって利用の制限があるものは、本人にとって大きな問題となります。しかし、多様な性のあり方が認められてきたことで、以前は男性用、女性用と別れていたトイレに、性別で区別されない「だれでもトイレ」が設置される場所が増えてきています。今後、性別の境目がなくなるこのような変化は、いろいろな場面で起こってくるでしょう。

第3章

心の病気はまだまだたくさんある！
その他の症状・障害

心因性の身体の痛みを発症

「身体症状症（ＳＳＤ）」は、身体の病気がないにもかかわらず、心理的な要因で痛みや吐き気、しびれなどの身体的な症状が長期間続く病気です。症状は身体のさまざまな部位に発生し、ときには全身に力が入らないといった症状や、けいれん発作のような症状が見られることもあります。

身体の病気が原因ではないので、精神科医による「認知行動療法」によって、認知のゆがみを矯正することが最も効果的な治療法とされています。

似たような症状に、重い病気だと思い込んだり、重い病気にかかりそうだと不安になったりする「病気不安症（ＩＡＤ）」、腕や脚の麻痺、触覚、視覚、聴覚の消失を訴える「変換症／転換性障害（ＣＤ）」というものもあり、「身体症状症および関連症群」を構成します。

過剰なダイエットが原因になることも

食事に関する異常な行動が続き、体型や体重に対する異常なこだわりにより認知がゆがんでしまう症状を「食行動障害および摂食障害群」と呼びます。

摂食障害にもいくつか種類があり、一般に「拒食症」と呼ばれる「神経性やせ症／神経性無食欲症（ＡＮ）」では、正常な体重以下にも

身体症状症および関連症群

心理的な要因によりさまざまな慢性的身体症状が現れる

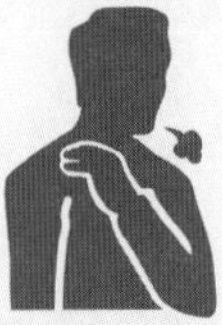

■痛み
■吐き気
■しびれ
■脱力感
■疲労　など

具体的な身体の痛みがあるにもかかわらず、身体の病気が見つからない場合は、この身体症状症が疑われます。病気が見つからないにもかかわらず症状が続く場合は、内科ではなく精神科や心療内科を受診するとよいでしょう。

身体症状症（SSD）

・原因不明の身体の痛みや胃腸症状などのさまざまな身体症状が続く

病気不安症（IAD）

・自分は重い病気である、病気にかかりそうだという不安が非常に強くなる

変換症（CD）

・腕や脚が麻痺していると訴える
・触覚、視覚、聴覚の喪失を訴える

食行動障害および摂食障害群

食事のコントロールができず心と身体の両方に影響を与える

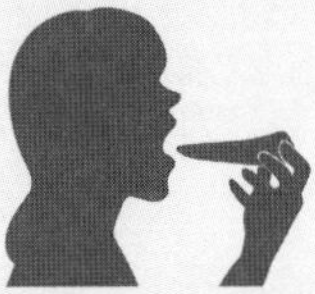

■食事量の制限
■過食
■自己嘔吐
■下剤の使用

神経性やせ症は若い女性に多く、そのほとんどが無理なダイエットや体重が増えることへの恐怖心によるものとされています。神経性過食症はストレスが原因となっていることが多く、こちらも若い女性に多くみられる症状です。

神経性やせ症（AN）（拒食症）

・正常な体重を下回っているにもかかわらず、カロリー摂取を制限して体重増加を妨げたり、体重増加への恐怖心を持ったりする

神経性過食症（BN）

・習慣的に過食を繰り返し、嘔吐や下剤による不適切なダイエット行動をする
・体型や体重が自己評価に大きく影響している

過食性障害（BED）

・習慣的に過食を繰り返す

かかわらず、体重増加への強い恐怖心を抱き、食事の量やカロリー摂取を制限しようとします。

逆に、「神経性過食症／神経性大食症（BN）」は、食べすぎることが習慣になってしまっているにもかかわらず、体型や体重を気にするため、意図的な嘔吐や下剤の使用によるダイエットを試みます。こうした異常なダイエットを伴わず、単に食べすぎるだけの症状は「過食性障害（BED）」と呼ばれます。

悩んでいる人が多い睡眠障害

「寝つきが悪い」「夜中に何度も目が覚める」といった睡眠に関するさまざまな問題をまとめて「睡眠・覚醒障害（SWD）」と呼びます。

睡眠うまくとれない「不眠症」には、極端に寝つきが悪く心身に不調を感じる「入眠障害」、夜中に何度も目が覚める「中途覚醒」、早朝に目が覚めてしまう「早朝覚醒」、眠りが浅いため睡眠時間の割には熟睡した感覚が得られない「熟眠障害」など、30歳前後から始まり加齢とともに増加し、中高年になると急激に増加します。また、日中に強い眠気に襲われる「過眠症（HD）」、その一種である**「ナルコレプシー」は眠気に加えて、目が覚めているのに突然の筋力低下が起きるなど、場合によっては事故や怪我につながる症状もあります。**

環境変化によるストレスが原因

「適応障害（AD）」は、就学や就職、結婚などで生活環境が変わったとき、自分の置かれた新しい環境にうまく適応することができないという**ストレスにより、抑うつ気分、強い不安感、情緒不安定などの精神的症状や、暴飲暴食、過剰飲酒といった行動の異常、動悸、息切れ、胸の圧迫感などの身体的症状を発症する病気です。**

治療は、自宅での休養や職場などの環境調整で心を休ませるほか、心理面接や認知行動療法による治療も有効です。

睡眠・覚醒障害（SWD）

心理的な要因で睡眠の質や量に問題が生じる

- 眠れない（入眠障害）
- 何度も目が覚める（中途覚醒）
- 朝早く目が覚める（早朝覚醒）
- 眠れた感覚がない（熟眠障害）
- 日中の強い眠気（過眠症）
- 突然の筋力低下（ナルコレプシー）
- ねぼけ行動（睡眠時随伴症） など

「不眠症」（入眠障害、中途覚醒、早朝覚醒、熟睡障害）の原因は、気分障害や不安障害などの精神疾患の症状の一部として現れるものと、就寝前のカフェイン摂取、運動、興奮などが原因となるものとがあります。また、「居眠り病」とも呼ばれる「過眠症」の一種であるナルコレプシーは、日中に猛烈な睡魔に襲われ発作的に居眠りを繰り返してしまいます。また、「情動脱力発作」という筋力が低下する症状も現れます。

適応障害（AD）

ストレスが原因でさまざまな精神的・身体的症状が現れる

- 抑うつ
- 不眠
- 不安感が強くなる
- 情緒が不安定になる
- 過剰飲酒、暴飲暴食
- 動悸、息切れ、胸の圧迫感 など

適応障害は、置かれた環境や状況に何らかの理由で「適応」できないことで、抑うつや不安感、情緒不安定といった精神的な症状や、動悸、息切れ、胸の圧迫感などの身体的症状を発症します。原因は環境変化によるストレスであると考えられており、たとえば新しい学校や職場での人間関係、結婚や離婚による家庭環境の変化などが原因になります。悪化すると、不登校や出勤拒否などに発展し、社会生活に支障をきたします。

公認心理師のアドバイス

あまりにも早い時代の変化に心が適応できない人が増えつつある

人の心と身体は、一心同体のようでありながら、必ずしも同じではありません。「身体症状症」では、心の不調が身体の不調となって表れますし、「摂食障害」では、自分の身体に対する認知がゆがみ、身体に負担がかかる行動をとってしまいます。また、現代の環境の変化は非常にスピーディになっており、それに合わせていくのに困難さを感じる方が増えているようです。たとえば、「適応障害」では精神的症状、行動の異常、身体的症状などが起こり、「おかれた環境に自分が適合できていないこと」を示します。こうした適応の難しさは、社会の早い変化につれてこれからも増大する可能性があり、誰もが心の問題や病気とは無縁ではないのです。

仲間を作るということ

友だちがほしい

中学生になり、「友だちがほしい」と思いはじめる子たちがいます。それも熱烈に。まわりにいる子に次々と「遊ぼう」と声掛けをし、約束を取り付けようとしますが、断られます。なかには約束に応じる子がいるものの、ドタキャンされたりします。このような体験を繰り返しますが、それでも「友だち」を作ることを諦められない子は、まとわりついたりして嫌がられるようになります。いわゆる「積極奇異」タイプに見られます。

そういう子どもや青年の話を聞いていると、私はかわいそうに思えてなりません。友だちを求めるのは、当たり前の願いでもあるからです。

集団に入っていない

子どもの社会性の発達ですが、「ひとり遊び」の時代から、「2、3名の小集団」を経て、4、5歳の「10数名から20名」ほどの集団遊びへと発展していきます。

子どもは遊びを共有することで集団を形成していきます。集団遊びでは、ルールを守ることと、メンバーとして自分なりの役割を果たすことが求められます。

集団には、メンバーを守る働きもあります。和を乱すものを退けなければ集団は崩壊するからです。たとえば、「誰も話を聞いてくれない」「みんなから嫌われている」といった嘆きを聞きます。こういう話をする子は、集団に帰属していない可能性が高いと言えます。

仲間外れは深刻な問題で、たとえば30名のクラスで孤立していれば、1対29名という構図になります。中学生の不登校気味の子が、学校が怖いと言ったりする理由は、孤立していると、まわりが敵に思えてしまうからでしょう。

友だちとの話とテーマ

友だちとの話も中学生になれば、大人びた話になってきます。誰が好きとか嫌いの恋愛話。進路の話や将来の夢、あるいは自分の悩みごと。ところが、そういった子は「大人の話」に興味、関心を持てず、自分の好きな話を続けたりします。たとえば電車やアニメなどの話です。まわりが引いていても、それに気づかなかったりします。

「友だちがほしい」という願いをどうやったら叶えられるのか。方法を考えつかないでいたら、ふたりの中学生と高校生がヒントを教えてくれました。ふたりとも、体育会系の部活に入りました。そして、そこで話し相手を見つけたのです。高校生のほうは、部活仲間とカラオケに行くようになりました。部活には目標があるので、話すテーマが共有できます。

応援することによる仲間意識

20歳になる青年は、18歳のときから、地元のサッカーチームの応援クラブに入りました。試合でたくさんの人とチームを応援しながら、「仲間意識」を持てるようになったのです。コミックマーケットに行くことで、孤独を忘れる青年もいます。友だちは会話だけではなく、さまざまな関わりから生まれると思っています。

おわりに

心の病気は時代によって変化する面もある

臨床心理学について一番知っておいてほしいことは、病名にしろ、症状にしろ、治療法にしろ、今言われていることが絶対的なものではないということです。時代とともに変化してきましたし、今後も変化していくのは確実で、昔はなかった病気や症状が出てきたり、病気がなくなったりするわけです。たとえば、昔は病気かどうかが定かではなかった自分の性に対する違和感が、今は「性別違和」という病気だと考える人もいます。では、「これは本当に病気なのか？」といわれると、「今の基準では病気です」としか言えません。

臨床心理学が対象とする人の心理は、国や文化、生育環境などから影響を受けています。生活していると、心の不調の背景に、家族のことも含めて、貧しさなどの困難を抱えていることもあります。社会の状況からの影響を受けることも当然あるでしょう。ひとりの人間が生きているときに、生の実態を理解しようと思えば、さまざまな側面への目配りが必要となります。

相談の場面では、広い範囲の見方が必要となります。様々な角度から、相手の現状を理解しなくてはなりません。また、人の状況を理解したつもりでも、環境の変化も起こります。理解したことがくつがえることもあります。

たとえば外国人がクライエントの場合を考えます。外国人同士、特に欧米諸国のコミュニケーションというのは、「察する」とか「なんとなくわかりましょう」といった曖昧さがある日本とは違い、納得行くまで意見と意見をぶつけ合うようなコミュニケーションだったりします。まったく別のものである神様と仏様が一体化してしまうような曖昧さを許容する日本の文化と、神様は唯一無二の存在だと信じる人が多い欧米諸国の文化とでは、人と人との関係についても考え方がまったく異なる部分があると思います。そういう意味で、日本人が持っている特性や特徴は、外国人を基準に考えられているものには当てはまらない部分があると考えるのは自然でしょう。

実際に、現在の臨床心理学をベースにした公認心理師の知識では、適切な対処法が見つからない場合もあります。クライエントの理解も同意も得られない場面も出てくるでしょう。そういうときには、自分の知識や考え方を見直す必要があります。このような見直しが、人への理解を深め、新しい発見につながることも少なくありません。

臨床のなかでは、そこに住んでいる人々の感覚とか文化とか、そういった要素はよく考えないといけませんから、「マニュアルにはこう書いてありました」「これが正しい治療法です」のような単純な話にはなりません。そういう意味では、臨床心理学という学問は成立していますが、ある種の対立概念としてその国それぞれの臨床心理学も必要だと考えます。これからは、日本で本当に役に立つような臨床心理学にしていかなければいけませんし、そういうことを若い世代に期待したいです。

２０１７年に「公認心理師」という資格ができましたが、期待されている割には、まだまだというのが現状のようです。公認心理師として実践を積み重ねながら、効果をあげられる専門家になるための努力が必要になるでしょう。

人の心は必ず変わる！

心の病気の大前提として知ってほしいのは、人の心は変わっていくものであるということです。変わっていくのであれば、当然ですが求められているものも変わっていきます。相手を拘束してしまうところもありますので、「人間の心はこうだ」といった風に決めつけてしまうのはとても危険で、固定観念にとらわれないということが重要です。公認心理師である私たちの仕事は、今あるものがそのままずっと続いていくのではなくて、何が変わって、教科書となにが違うのかといったことを常に考えていかなければなりません。人の心は必ず変わっていく、それが人間なので、そのことに敏感じゃないといけません。そのことに鈍感だと公認心理師としてはうまくやっていけないと思います。

そもそも、心は動くからいろいろな状況や環境に柔軟に適応できるわけです。液体のように揺れ動いて変化する心が健康で、個体のようにガチッと固まってしまったら心病的ともいえます。実際に患者さんと接していて思うのは、患者さんの心はコンクリートみたいな印象を受けます。なかなか自分の問題に気づけないし、気づくようなきっかけも見つかりにくいでしょう。それを教えてあげるために、話をしっかり聞いて「基本的にはあなたはこう思っていますよね?」「あなたの話を聞いていると私はこういう風に思いました」といったような話をします。それは患者さんの言っていることが合っているとか、外れているといったテストのような話ではなく、「相手からはそういう風に見えているんだ」ということに気づいてもらうためのものです。そこに気がついてもらうきっかけがはまれば、たいていの場合、自然と自分の心の状態に気づくので、そこから何かが始まります。

相手を理解することが重要

公認心理師を目指すのであれば、「相手のことを理解しようと思わなければならない」ということも知っておいてほしいことのひとつです。「患者さんをどうやったら理解できるか?」ということが、公認心理師にとってはとても重要です。心の問題を抱える人にとっては、自分の話を聞いてくれるという人がひとりでもいると強いのです。ですから、私たち公認心理師はそのひとりになっていかないといけませんし、相手を理解しようという大前提のもとで、相手に関心を持って話を聞かなければいけません。もちろん、「他人を完全に理解しろ」なんてことは言いませんし、そんなことができるとも思っていませんが、心構えとしてはやはりこれに尽きるのではないかと思います。私たちの仕事は、理解をするための努力を常にしていなければいけませんし、そのためにどういう方法があるのかは、人によって違うので常に考えていかなければいけないと思っています。

自分の心のことは、自分では正確には判断できませんから、周囲の人たちと話をすることがとても大切で、「自分が周囲からどう見えているか？」を知ることが判断材料のひとつになります。そういう相談相手が１００人いた方が幸せなのか、ひとりでもいれば幸せなのかは人それぞれ人によって違います。しかし、少なくとも相談相手となる人はキープしていかないといけません。アメリカ人は、「友だちにひとりは弁護士がいたほうがいい」「ひとりはカウンセラーがいたほうがいい」とか言いますが、そういう考え方の善悪は別として、そういうきちんと相談できる信頼に値する人が最低でもひとりはいたほうがいいだろうなとは思います。

もし、家族や友人に心の問題について相談された場合、そのひとりに選ばれたと思って真剣に話を聞きましょう。ただし、勘違いしてほしくないのは、相談されたことに対してなにか答えを返さなければいけないと思っていると、うまくいかないということです。子どものころから、「相談にはしっかり乗ってあげなさい」と教えられてきますが、すぐに答えを出すのではなく、相手の話をしっかり聞いて理解し、時間をかけながらゆっくり考えていこうという方向に話をもっていった方がいいと私は思います。

最後になりますが、この本には公認心理師としての視点を紹介しています。もし、公認心理師に興味をもった方がいたら、基本的なことはこの本からも学べると思いますので、しっかり勉強して立派な公認心理師になられることを願っています。

公認心理師・言語聴覚士　湯汲　英史

【監修者紹介】

湯汲 英史（ゆくみ・えいし）

公認心理師・精神保健福祉士・言語聴覚士。早稲田大学第一文学部心理学専攻卒。現在、公益社団法人発達協会常務理事、早稲田大学非常勤講師、練馬区保育園巡回指導員などを務める。著書に『0歳～6歳　子どもの発達とレジリエンス保育の本～子どもの「立ち直る力」を育てる』（学研プラス）、『子どもが伸びる関わりことば26　発達が気になる子へのことばかけ』（鈴木出版）、『ことばの力を伸ばす考え方・教え方 ～話す前から一・二語文まで～ 』（明石書店）など多数。

【参考文献】

『知的障害・発達障害のある人への合理的配慮』（編集 坂爪一幸、湯汲英史・かもがわ出版）／『チャイルドヘルス 2022年9月号「特集 発達障害につづく二次障害　子どもの“困った”をやわらげる」』（編集 湯汲英史・診断と治療社）／『発達障害いきいきサポート 子どもから大人まで、支援のために知ってほしいこと』（著者 石﨑朝世、洲鎌倫子、作田亮一・冨山房インターナショナル）／『公認心理師のための臨床心理学』（編者 大野博之、奇恵英、斎藤富由起、守谷賢二・福村出版）／『DSM-5 精神疾患の分類と診断の手引』（著者 American Psychiatric Association、日本語版用語監修 日本精神神経学会、監訳 高橋三郎、大野裕、訳 染矢俊幸、神庭重信、尾崎紀夫、三村將 村井俊哉・医学書院）／『臨床心理学』（著者 丹野義彦、石垣琢麿、毛利伊吹、佐々木淳、杉山明子・有斐閣）／『精神症状の診かた・聴きかたーはじめてまなぶ精神病理学』（著者 日本精神病理学会書籍刊行委員会 編者 清水光恵、芝伸太郎、熊﨑努、松本卓也・金剛出版）／『精神症状の把握と理解 精神医学の知と技』（著者 原田憲一・中山書店）／『これだけは知っておきたい双極性障害 躁・うつに早めに気づき再発を防ぐ!　第2版』（監修 加藤忠史・翔泳社）／『家庭の医学 電子分冊版（5）心の病気』（編集 主婦の友社・主婦の友社）／『完全カラー図解 よくわかる臨床心理学』（監修 岩壁茂・ナツメ社）／『臨床心理学入門』（著者 スーザン・レウェリン、ケイティ・アフェス-ヴァン・ドーン、翻訳・編集 下山晴彦・東京大学出版会）／『面白いほどよくわかる!　臨床心理学』（著者 下山晴彦、西東社）／『イラスト図解 発達障害の子どもの心と行動がわかる本』（監修 田中康夫・西東社）／『Newton別冊 精神科医が語る 発達障害のすべて』（ニュートンプレス）／『ケアマネ・福祉職のための精神疾患ガイド』（著者 山根俊恵・中央法規出版）／『マンガでわかる発達障害 特性&個性発見ガイド』（著者 福西勇夫、福西朱美・法研）／『家族・支援者のための発達障害サポートマニュアル』（著者 古荘純一・河出書房新社）／『発達障害に関わる人が知っておきたい「相談援助」のコツがわかる本』（著者 浜内彩乃・ソシム）／『統合失調症のみかた，治療のすすめかた』（著者 松崎朝樹・中外医学社）／『パニック障害 薬で治せる脳の病気』（著者 平木英人・保健同人社）
※この他にも多くの書籍、Webサイトを参考にさせていただいております。

【STAFF】
編集：株式会社ライブ（竹之内大輔／畠山欣文）　制作：小日向 淳／松本晋平
装丁：長澤真也／小倉誉菜／羽田創哉（アイル企画　I'll Products）　本文デザイン：寒水久美子
校正：聚珍社　DTP：株式会社ライブ

眠《ねむ》れなくなるほど面白《おもしろ》い
図解《ずかい》 臨床心理学《りんしょうしんりがく》

2023年3月10日　第1刷発行
2024年1月1日　第2刷発行

監 修 者　湯汲英史《ゆくみえいし》
発 行 者　吉田芳史
印 刷 所　株式会社光邦
製 本 所　株式会社光邦
発 行 所　株式会社日本文芸社
〒100-0003　東京都千代田区一ツ橋1-1-1 パレスサイドビル8F
TEL.03-5224-6460［代表］

内容に関するお問い合わせは小社ウェブサイト
お問い合わせフォームまでお願いいたします。
URL https://www.nihonbungeisha.co.jp/

Printed in Japan 112230222-112231221Ⓝ02　(300063)
ISBN978-4-537-22085-8
（編集担当：萩原）